7 DÍAS

PARA CREAR EL ÉXITO EMPRESARIAL

7 DÍAS

PARA CREAR EL
ÉXITO EMPRESARIAL

Cómo aplicar los infalibles principios de
Dios a los negocios

OTONIEL FONT

WHITAKER
HOUSE

Edición: Ofelia Pérez

7 días para crear el éxito empresarial:
Cómo aplicar los infalibles principios de Dios a los negocios

ISBN: 978-1-62911-642-6
ISBN de eBook: 978-1-62911-643-3
Impreso en los Estados Unidos de América
© 2015 por Otoniel Font

Whitaker House
1030 Hunt Valley Circle
New Kensington, PA 15068
www.whitakerhouse.com

Por favor, envíe sugerencias sobre este libro a: comentarios@whitakerhouse.com.

1 2 3 4 5 6 7 8 9 10 11 **LLI** 22 21 20 19 18 17 16 15

DEDICATORIA

Al Pastor Vladimir Rivas, de la Iglesia Comunidad de Paz
(COMPAZ) en San Salvador, joven pastor y empresario cuya
vida es ejemplo del poder de la visión empresarial para el Reino
de Dios.

Agradecimientos

A las vidas de aquellos a quienes hemos inspirado y orientado durante décadas para establecer negocios y levantar sus empresas hacia el éxito. Ellos son la razón por la cual escribí este libro. Son sus éxitos, triunfos y hasta desaciertos los que me han llenado de pasión para sentarme a dedicar estas letras. Gracias a todos ellos.

Agradezco a mis discípulos de nuestra Academia Internacional de Desarrollo Empresarial por su visión e interés en aprender cómo iniciarse correctamente en el mundo de los negocios. Gracias por ver en la Palabra todo lo que Dios tiene para los hijos que quieren añadir valor a este mundo.

Gracias a Dios, tenemos pastores bajo nuestra cobertura en muchas partes del mundo, que siempre suman a nuestro proyecto de impactar naciones. A ellos, ¡gracias!

CONTENIDO

INTRODUCCIÓN

Vivimos tiempos de gran competitividad, desarrollo y avance tecnológico. Solo si se decide a prever, crear, hacer más que otros empresarios, y a llevar al grado óptimo su nivel de eficiencia, logrará alcanzar y mantener una prosperidad financiera sólida y constante. ¡Su éxito depende de usted!

A muchas personas les gustaría crear su propia empresa. La mayoría lo ven como un sueño lejano y admiran a los que se atreven a lanzarse a esta aventura, pero no se pueden visualizar haciendo lo mismo. Hay muchos empresarios frustrados porque por más que trabajan, no ven ni disfrutan los resultados tangibles de un negocio exitoso.

Algunos fundan la empresa y se abruman con las obligaciones. Otros no logran cubrir gastos. Otros más cubren los gastos del negocio, pero no les alcanza para cubrir los gastos del hogar. Algunos no pueden ni siquiera visualizar cuándo, después de cubrir todos los gastos (del negocio y del hogar), les sobrará para darle a su familia una vida más cómoda. Los más trabajan de sol a sol, y pierden las esperanzas de realizar los sueños que tradicionalmente se relacionan con la vida empresarial, como los siguientes:

- Ser dueños de su vida, de su tiempo y de su persona.
- Tener éxito empresarial.
- Sentir la plenitud de realizarse como personas de negocios.
- Tener control sobre sus finanzas.

- Vivir sin grandes preocupaciones económicas.
- Elevar su nivel de vida y el de su familia.
- Decirle "adiós" para siempre al miedo a la escasez.
- La satisfacción de alcanzar lo que parecía inalcanzable.

Más que dueños, se sienten esclavos y se ven tentados a rendirse sin cosechar del esfuerzo que han sembrado.

Muchos nunca empiezan a crear su empresa. A otros los vence la frustración, y dan marcha atrás de dos maneras: o cerrando el negocio y buscando empleo, o decidiendo que si logran que el negocio les "dé lo suficiente para comer", eso es suficiente.

Yo creo con firmeza y mi propio ejemplo que cualquiera que ponga el corazón en crear o levantar su empresa hacia el triunfo y siga el orden correcto, venza su orgullo y busque asesoría de quienes de verdad saben, debería perseverar en su propio negocio.

Durante más de veinte años como pastor y empresario, he conocido a empresarios,   potenciales y activos, cometer muchos errores que los han desalentado o los han llevado al fracaso. Con frecuencia se lanzan al mundo de los negocios sin la orientación y la información necesarias, y no siguen el orden correcto para desarrollar un negocio.

El objetivo principal de la iglesia es evangelizar y llevar a las personas al entendimiento de la verdad de Cristo. Predicamos y sabemos que al alinear la vida espiritual, esa decisión trasciende a mejorar todas las otras áreas de la vida. Eso incluye la superación financiera, que implica realizar los sueños de ser un empresario de éxito. Yo pienso que el trabajo de la iglesia tiene que ir más allá de predicar los principios espirituales, que son fundamentales. Tenemos que desarrollar líderes empresariales con las oportunidades económicas para transformar nuestra comunidad y nuestra sociedad.

Si aspiramos a crear una cultura cristiana integral, ser luz e impactar a toda la sociedad, debemos tomar la iniciativa de enseñar y demostrar cómo aplicar y hacer trascender los principios espirituales en todos los aspectos de la vida. Si nosotros somos la sal de la tierra y no enseñamos a hacer negocios correctamente, ¿quién lo hará, el mundo con sus agendas pintadas de gris y a veces con dudosos conceptos de ética? Dios no hace acepción de personas. Nos corresponde a nosotros demostrarle al mundo entero que podemos hacer negocios, y alcanzar el éxito siguiendo las reglas de organización del mundo, con el fundamento de los principios morales y éticos que aprendemos en la Palabra.

Existe un pensamiento radical: Si los pastores son capaces de decirles a las personas qué hacer con el 10% de sus ingresos y les muestran el destino de los mismos, también deben asumir el compromiso de orientar a las personas en su administración sabia del 90% restante.

Por otra parte, muchos cristianos no aplican de manera práctica los principios espirituales que leen en la Biblia. Es como si los principios de Dios fueran algo muy etéreo que no tiene aplicación funcional. Permitir que mis ovejas crean eso es un error que yo no voy a cometer como pastor, ni como empresario.

Cuando usted lee bien la Biblia, no encuentra a un solo empresario pobre. Tampoco se describe a los hombres de negocios con tan solo el adjetivo "ricos". Se refiere a todos ellos como "muy rico" o "riquísimo" (por ejemplo, Génesis 13:2) y se enumeran en muchos casos todas sus posesiones, que en aquella época se contaban mayormente en tierras y ganado (por ejemplo, 1 Samuel 25:2), pero también oro y piedras preciosas. Es más, muchos de los que hoy conocemos como ricos en nuestra sociedad serían casi pobres comparados con los empresarios bíblicos.

Desde tiempos milenarios, ser comerciante o empresario está de acuerdo con la Palabra de Dios y es moral. La Biblia establece unos principios infalibles para crear y desarrollar negocios, aún desde la creación del mundo. Cada palabra que dijo Dios para crear el mundo tiene su aplicación práctica que nos lleva a la victoria.

Dios ha puesto en mi corazón entrenar empresarios, no solo en las verdades espirituales sino también en cómo aplicarlas allá afuera, en el mundo real, para desarrollar empresas exitosas que le den la gloria a Dios, sirvan a la comunidad y al mundo, y manifiesten las victorias que Dios tiene guardadas para nosotros.

Este libro es el principio de estas enseñanzas, y tiene cuatro cualidades particulares para que aproveche y ponga en acción lo que aprenda.

1. Expone claramente los pasos de Dios en su creación del mundo, y lo que representan en la creación de una empresa y la oportunidad de optimizar la empresa que ya tiene.

2. En algunos temas, usted va a notar repetición. Los expertos en educación siempre han defendido que la repetición es la madre de la enseñanza. Pretendo asegurarme de que usted entendió un principio, para que lo aplique y entienda el próximo, y pueda relacionar unos temas con otros para su provecho.

3. Al final de cada capítulo tiene que hacer unos ejercicios: primero, para que usted mismo se asegure de que entendió el material; segundo, para que se enfrente a su realidad interior,

y decida romper las barreras que tal vez sin darse cuenta ha levantado entre su vida empresarial y usted; y tercero, para que cuando termine de leer este libro, ya haya empezado a crear su negocio o haya diseñado el plan para mejorar el que tiene.

Por favor, escriba las respuestas. Estos ejercicios le sirven a corto plazo para conocerse a sí mismo, observar áreas que requieren superación y darse seguimiento. A largo plazo, le sirven para evaluar sus progresos personales y empresariales. Un empresario de éxito debe estar en continua evolución, y saber cuán al día está y qué tiene que hacer para ir un paso adelante en el manejo de su negocio.

4. En las últimas páginas del libro le facilito unas lecturas de referencia. Son libros útiles cuyo contenido hemos consultado en la preparación de este libro, y que aumentarán sus conocimientos en diversos aspectos empresariales y espirituales relacionados con los negocios. La vida empresarial es un interesante aprendizaje que no termina y exige mantenerse al día.

Tenemos que vivir en fe, pero no nos escondamos en la fe para evitar hacer lo que nos corresponde. La fe sin obras es muerta. La misma Palabra de Dios que nos habla de fe, nos habla del orden, de la sabiduría y del entendimiento al hacer negocios. Es un hecho que si contamos con las lecciones bíblicas aplicables al mundo empresarial, estamos en una ventajosa posición intelectual y espiritual para tener un éxito arrollador.

Le invito a perseverar en este entrenamiento para expresar al empresario que vive en usted, y abrirle paso al éxito empresarial que Dios le tiene deparado.

Parte I

LIBÉRESE DE LOS OBSTÁCULOS

1

¿ACEPTA EL RETO EMPRESARIAL?

D ios no hace remiendos. Dios es un Creador. Dios hace las cosas nuevas.

Dios es un Dios de orden. Llama a lo que no es como si fuera. Dijo la palabra para crear cada aspecto del mundo donde nos trajo a dominar, y también nos creó a su imagen, conforme a su semejanza. Con esa misma palabra espera que nosotros tomemos dominio sobre nuestras situaciones y alcancemos el éxito empresarial.

Estamos llamados a imitarle aplicando sus principios de creación, que aparecen claramente en el primer capítulo del libro de Génesis. Este es el libro de los comienzos, y sabiendo que Dios *"te da el poder para hacer las riquezas"* (Deuteronomio 8:18), el sistema de creación de Dios es nuestra guía para fundar una empresa o llevar la que tenemos hacia su máxima dimensión.

Yo no pretendo que usted desarrolle una empresa en 7 días, pero sí que utilice los principios divinos para lograrlo. Lo que Dios hizo cada uno de los 7 días de la creación representa, paso a paso, el orden a seguir para alcanzar su éxito empresarial.

Ante todo, piense en lo que realmente quiere y desea, y en cuánto y qué está dispuesto a invertir para que su empresa alcance el nivel que ha soñado. Me refiero a lo siguiente:

Fe
Confianza en usted mismo
Valentía
Atrevimiento
Pasión
Conocimientos
Determinación y capacidad de vencer el doble ánimo
Humildad para aprender de los que saben
Paciencia
Sabiduría
Discernimiento espiritual y mental
Firmeza
Dominio propio
Tiempo
Esfuerzos
Pensamientos
Compromiso
Perseverancia
Dinero
Disposición a "pagar el precio". El éxito supremo siempre tiene su precio.

Ahora tiene que decidir si acepta el reto empresarial. No sea uno de los que pretenden levantar negocios de manera improvisada, sin tener el fundamento interno necesario. Tampoco decida crear una empresa por la razón incorrecta. Con frecuencia, las personas piensan en fundar un negocio como la solución al disgusto de trabajar donde están empleadas, o a tolerar a un patrón que les molesta. Se lanzan por impulso y sin conocimiento.

EL ÉXITO SUPREMO SIEMPRE TIENE SU PRECIO.

Es bueno canalizar las pasiones de una manera positiva. Las frustraciones nos deben guiar para entender que tenemos que hacer algo diferente y utilizar nuestros talentos para nuestro propio provecho. Pero hay que canalizar las emociones con conocimientos y revelación, para que nos guíen los pensamientos correctos, y podamos triunfar.

Nos adentraremos en el fascinante relato de la creación y extraeremos unos "Rhemas" (en el idioma griego, se refiere a palabras de Dios que causan impacto en el espíritu y la mente del hombre) poderosos que estableceremos como principios, para que en 7 etapas usted pueda crear la empresa de sus sueños.

Lea detenidamente el impresionante relato de la creación del mundo en el libro de Génesis, según lo verá desglosado en cada capítulo de este libro. Observe los principios de creación que se revelan y que aplicaremos a la creación y desarrollo de su empresa.

ABRA PASO A LO NUEVO DE DIOS

"En el principio creó Dios los cielos y la tierra. Y la tierra estaba desordenada y vacía, y las tinieblas estaban sobre la faz del abismo, y el Espíritu de Dios se movía sobre la faz de las aguas" (Génesis 1:1-2).

¿De dónde le nace a Dios un día crear el universo? De su naturaleza misma. Él ama lo nuevo, así que no hace remiendos; Dios siempre hace las cosas nuevas. Tanto es así, que incluso cuando usted acepta a Cristo como su Salvador, Dios hace todas las cosas nuevas y usted es una nueva criatura. La Biblia reitera con frecuencia la posición de Dios como Creador de cosas nuevas; Él incluso usó cambios de nombres para reafirmar vidas nuevas, como en los casos de Abram, de Sarai y de Jacob.

SU PRIMER OBSTÁCULO: USTED

Para dar paso a su empresa o a la nueva dimensión de ella, tiene que superar su primer obstáculo: usted. De la misma forma que antes de la intervención de Dios *"la tierra estaba desordenada y vacía, y las tinieblas estaban sobre la faz del abismo"* (Génesis 1:1), así está su mente ante la decisión de crear un negocio o con la incertidumbre de si el negocio que tiene sobrevivirá.

> ## TIENE QUE SUPERAR SU PRIMER OBSTÁCULO: USTED.

Pensamos que lo único que nos lleva a alcanzar el éxito es el trabajo, lo que forzamos, y lo que obligamos a que suceda. No nos damos cuenta de que el éxito está en aquello que quiere ocurrir y estamos impidiendo que ocurra. Cuando trabajamos en nosotros y abrimos el camino, empieza a suceder lo mejor.

Un buen ejemplo de esto es la sanidad del cuerpo. Cuando nos sentimos enfermos, vamos al médico, y después de que el médico hace su diagnóstico y nos receta medicamentos, siempre termina diciendo: "Guarde descanso". No seguimos el consejo, pero esa es la clave de la sanidad. El cuerpo suyo necesita el espacio, el tiempo, y todas sus energías concentradas en combatir su malestar, para que se manifieste la sanidad.

Tenemos que quitar nuestras barreras mentales y emocionales para permitirle a Dios lo que Dios quiere hacer. Dios no hace remodelaciones, y Él busca personas que le den paso a las cosas nuevas que Él tiene para sus vidas. Pero si no hace remodelaciones, ¿por qué hablamos de mejorar la empresa que ya existe? Porque Dios no la va a remodelar, ni usted tampoco. Va a aprender a desarrollar nuevos conceptos y a implementar decisiones que transformen su negocio en una empresa totalmente nueva, con perspectivas claras hacia el éxito. ¿Está dispuesto a aceptar el reto?

La mente de una persona es una sola, y su estilo de pensar se traduce en todo lo que hace. La mentalidad empresarial es reflejo de la mentalidad individual de cada quien. Hay personas a quienes les gusta guardar, esconder, almacenar. Cuando van a buscar las cosas para usarlas, ya no sirven. No valoran, no les interesa ni se esfuerzan en tener cosas nuevas. Se conforman y se acomodan a lo que tienen, aunque no sean felices. Es más, les regalan cosas nuevas y siguen usando las viejas. Se sienten hasta culpables de desear y de tener cosas nuevas porque, en muchos casos, debajo de esa mentalidad hay un pensamiento de que no son merecedores de algo mejor. Esa conducta es reflejo de una resistencia al cambio y a intentar lo novedoso.

Otras personas tienen una mentalidad de innovar de acuerdo a las más recientes tendencias, y son valientes en integrar cambios. Saben que les espera un proceso de adaptación, pero lo acogen y se preparan para él. Eso explica por qué hay empresas que se fundaron hace cien años y las generaciones de consumidores siguen comprando sus productos. Las mentes flexibles de los empresarios se adaptaron a los tiempos y a la evolución del mercado, y los consumidores siguen apoyando sus productos o servicios. De esto hablamos en detalle más adelante.

A mí me gusta el placer de ir a comprar y romper ese *ticket* que significa, por ejemplo, que tengo ropa nueva. Me da una gran satisfacción saber que Dios me bendijo y que yo abrí paso a que llegara algo nuevo a mi vida. Doy gracias a Dios y lo disfruto. Dios quiere que usted tenga cosas nuevas en su vida. Aprenda a darles paso a cosas nuevas y a permitirle a Dios que se las dé.

APRENDA A DARLES PASO A COSAS NUEVAS.

Antes de contestar a: "¿Acepto el reto de ser empresario?", pregúntese: "¿Estoy dispuesto a darle paso a lo nuevo en mi vida?".

¿Estoy yo dispuesto a abrirles camino a las cosas nuevas que Dios tiene para mí? ¿Podré o seré capaz de aceptar, experimentar e implementar esas cosas nuevas? ¿Seré capaz de adaptarme a todo lo que acarrean las innovaciones y el progreso hacia cosas más grandes que las que he pensado?

Con esas preguntas y las siguientes, comience a hacer el análisis correcto antes de comenzar una empresa. Atrévase a examinarse con honestidad y, si encuentra "peros" en sus respuestas, anótelos con miras a resolverlos y a no permitir que se conviertan en obstáculos ni en excusas para no disfrutar lo mejor.

¿POR QUÉ NO?

1. ¿Por qué no estoy creando algo nuevo para mí o para mi vida?

Una de las frustraciones más grandes de todo empresario y de toda persona es ser víctima del hábito: estar en el mismo lugar, en el mismo círculo, en el mismo sitio, sin cambios favorables, sin progreso ni prosperidad, sin entusiasmo; estancado. La persona se siente como si ya no tuviera ni oportunidad de soñar. Usted tiene que preguntarse por qué no está creando algo nuevo. Busque en su interior y pregúntese: "Si yo fui hecho a la imagen y semejanza de Dios, y a Dios le gustan las cosas nuevas, crea y les da paso a las cosas nuevas, ¿qué pasa en mi vida que yo no estoy creando algo nuevo? ¿Por qué estoy en el mismo nivel, en el mismo círculo?".

2. ¿Por qué tengo temor a emprender algo nuevo?

Muchas personas dicen que no tienen miedo a emprender algo nuevo, pero sus decisiones y sus acciones dicen lo contrario. Aparece un reto que les pone en riesgo el ingreso que ganan en un momento dado, y no saben qué hacer; la ansiedad los domina. Cuando analizamos a muchas personas que no se atreven a salir del mundo corporativo a pesar de que se sienten incómodos y saben que su futuro en su lugar de trabajo no es seguro, inferimos que tienen miedo. Aún entre empresarios, si analiza y estudia bien sus hábitos, sus pensamientos, su forma de hablar, es notable que sienten temor y renuencia a atreverse a implementar innovaciones. Estúdiese: ¿Por qué tiene temor, a qué le tiene temor? El temor, en ocasiones, se basa en:

a. Situaciones anteriores que le han causado pérdidas o fracasos a usted, a otros que conoce, o a alguien sobre quien leyó o le contaron. ¿Le ha pasado que cuando está en momentos de decisiones importantes, de repente todo lo que le cuentan son eventos negativos de fracasos? Enciende la televisión y aparece en la pantalla el índice de bancarrotas o los cierres de negocios. Proliferan personas que se especializan en desalentarle, diciéndole las malas noticias sobre aquel que "puso un negocito" y no resultó. Niéguese a esas influencias, y busque información sobre aquellos que tuvieron el valor de buscar el triunfo en cualquier tipo de circunstancias. Todos los grandes empresarios de la historia cuentan épocas difíciles y transiciones críticas antes de alcanzar triunfos sin límites.

b. Miedo a lo desconocido. La psicología, tanto tradicional como moderna, sostiene que el ser humano siente un miedo natural hacia lo que no conoce. ¿Por qué? Porque no le es familiar, está fuera de su control y no lo sabe manejar. De hecho, esto explica que las personas toleren situaciones y relaciones que les perjudican (incluso a nivel empresarial), tan solo porque le tienen miedo al cambio o a lo nuevo que no conocen, aunque sea mejor.

c. Miedo a asumir riesgos y a equivocarse. La zona de comodidad es la peor enemiga de un aspirante a empresario y de alguien que quiere elevar su empresa hacia lo mejor. Partamos de la premisa realista de que no hay éxitos sin riesgos y sin margen de error. ¡No se asuste! Tómelo como un hecho inevitable y deseche el miedo. Evalúe los posibles impactos del riesgo, prevea soluciones y formas de atenuarlos, y ¡adelante!

NO HAY ÉXITOS SIN RIESGOS Y SIN MARGEN DE ERROR.

d. Miedo al éxito. Aunque no lo crea, existe y se ha estudiado el miedo al éxito. La mayoría de las veces es inconsciente, y las personas no lo reconocen porque les parece ridículo que puedan tenerle miedo a algo tan positivo que siempre han deseado. El éxito, sobre todo el éxito extraordinario, llega poco a poco y es difícil de reconocer, pero cambia dramáticamente el estilo de vida y la manera de pensar. Tiene también su crisis de adaptación y, como algo nuevo, es necesario aprender a manejarlo.

Las personas se preguntan lo siguiente, y les adelanto las respuestas. ¿Cómo me va a cambiar la vida si tengo éxito? Mucho. ¿Cómo se va a afectar mi familia? Mucho. ¿Tendré los mismos amigos? Depende. ¿Cómo voy a cambiar como persona? También depende. Esta es la respuesta: Sí, todo va a cambiar. De usted depende que todo cambie para bien, y que aprenda a manejar los cambios con sabiduría. El éxito también es desconocido, pero tiene que dejar de ver las palabras "nuevo", "cambio" y "éxito" de manera negativa, y sin temor. Debe aprender la fórmula de crecer sin perder su identidad y sin arriesgar los asuntos más importantes de su vida, como por ejemplo, su familia, sus valores morales y su fe.

e. Mentalidad "heredada". A muchas generaciones las han criado con la mentalidad de buscar un "buen" trabajo "fijo" y "seguro", un techo, y no querer ser un Bill Gates. Hemos oído repetir y repetir la frase: "yo no quiero ser rico, yo me conformo con...", que yo mismo no me creo. La educación formal está dirigida a forjar y reforzar la mentalidad de empleado. Eso está tan arraigado que si usted le menciona a un familiar cercano que está planificando fundar un negocio propio, le presagia la bancarrota antes de que empiece su empresa, intenta hacerle sentir culpable, soñador, egoísta, irresponsable, y le recuerda sus obligaciones familiares. Ya que usted planifica hacer todo en el orden correcto (eso es lo que le estamos enseñando), no permita que lo contagien. Ante comentarios negativos, haga como Jesucristo les dijo a sus apóstoles: sacuda el polvo de sus pies y váyase (Mateo 10:14 parafraseado).

f. Miedo al rechazo y a perder aprobación. Este miedo se relaciona con el anterior. Desde pequeños, buscamos la aprobación por miedo al rechazo, por temor a la pérdida de amor o de la expresión del amor de nuestros seres queridos. Extendemos esa necesidad a todas las relaciones y a menudo eso entorpece que permitamos lo nuevo de Dios en nuestras vidas. El Dr. Deepak Chopra, escritor y conferencista de fama internacional a quien conocí en uno de mis viajes, es un propulsor de la realización del ser humano. Chopra defiende que tenemos que detener esa extrema necesidad de aprobación de los demás, para poder lograr nuestros sueños. Estar pendiente del qué dirán y de las opiniones de otros puede impedir las mejores decisiones de su vida.

g. Miedo irracional anticipado. ¿Ha oído decir que la preocupación es como una mecedora, que se mueve y se mueve, y no llega a ningún sitio? Es igual cuando usted le tiene miedo a iniciar un negocio porque anticipa lo peor, sin tener una razón lógica. Recuerde que el miedo es fe en que algo malo va a pasar. ¡Cuidado!

EL MIEDO ES FE EN QUE ALGO MALO VA A PASAR. ¡CUIDADO!

---

3. Para empezar a abrirles paso a las cosas nuevas, ¿qué me impide hoy ir hacia otro nivel? Respóndase honestamente y comience a hacer un análisis serio para empezar a reestructurar su vida, y a establecer la plataforma para el proyecto al que Dios quiere darle paso. Yo creo con todo mi corazón que Dios quiere hacer negocios a través de nosotros. Tiene que haber un momento en su vida cuando se atreva a darle paso a lo que Dios quiere hacer. ¿Cuándo es ese momento? Cuando usted lo decida. ¡Ahora!

EJERCICIOS

1. ¿Cuál o cuáles de los miedos enumerados identifica como suyos ante la idea de ser empresario?

2. Anote y estudie esos miedos.

3. Escriba cómo cree que podría manejarlos.

2

LAS CREENCIAS CULTURALES

Hay cinco pensamientos negativos estrechamente relacionados con los obstáculos que presenta su mente. No los pase por alto porque son impedimentos que debe vencer antes de organizar una iniciativa empresarial. Aún después de que haya vencido esos obstáculos anteriores y decida levantar su empresa, estos pensamientos lo van a perseguir. Hasta que los erradique totalmente, no podrá ver de manera constante la luz de crear un negocio o renovar su empresa; tampoco verá la luz de la oportunidad.

1. Tener una empresa es muy arriesgado. Veamos ese comentario desde una perspectiva realista: ¿qué es más arriesgado, tener un negocio o tener un trabajo? ¿Por qué razón las personas piensan que tener un trabajo no es arriesgado? ¿Riesgo bajo qué perspectiva? ¿Arriesgado en qué sentido? ¿En qué es arriesgado ser empresario? Usted necesita luz, revelación, iluminación para atreverse a ser empresario. Pero ¿no es igual de arriesgado tener un trabajo? Muchos responden: "En el trabajo me dan un cheque seguro". ¿Cuántos creen que de seguro van a tener un cheque? Ese no es el mejor argumento.

Hoy por hoy, las empresas que pensábamos que eran bien estables, que nunca iban a cerrar, ya no existen. Siempre hay posibilidades de que una compañía tome una mala decisión, finalmente se vaya a la quiebra total y lo despida, o cierre sus operaciones. Vimos casos así en la pasada década, en corporaciones multinacionales de más de 50 años de operaciones que parecían muy sólidas.

Tampoco sabemos cuándo una empresa hará recortes de personal o reducirá salarios u horas de trabajo. Mucha gente se molesta con las decisiones de las compañías y piensa que es inmoral despedir a un empleado. No se dan cuenta de que las decisiones de las compañías no son decisiones morales, sino decisiones amorales. No tienen nada que ver con moralidad, ni con humanidad, ni con falta de compasión.

Las decisiones corporativas tienen que ver con el balance entre ganancias y pérdidas porque el objetivo de los negocios es hacer dinero. Una de las estrategias para balancear las ganancias contra las pérdidas es reducir gastos; y un gasto que muchas veces hay que reducir es la nómina o los gastos de personal. Recuerde que esos gastos no incluyen salarios solamente, sino todos los beneficios e impuestos que la compañía tiene que pagar por cada empleado. En los Estados Unidos, por ejemplo, por cada empleado se paga salario, aportación patronal para Seguro Social, Incapacidad Federal, tal vez plan de salud, y otras según el estado o el condado. Otras aportaciones patronales dependen del acuerdo contractual con el empleado.

Cuando está muy abajo en la escalera corporativa, quizás su riesgo de ser despedido es menor porque no hay tanta gente que pueda hacer ese trabajo o que le interese hacerlo. Si está a un nivel intermedio, el riesgo aumenta un poco, pero no es tan amenazante.

Sin embargo, mientras más asciende en la escalera corporativa y le aumentan el salario y los beneficios, la compañía le añade deberes y responsabilidades. Posiblemente le pedirá que haga cosas que no estará dispuesto a hacer. Por ejemplo, a una persona que busca ascender en la escalera corporativa quizás se le requiera mudarse a otro país o a otro estado. Si no está de acuerdo, tendría que renunciar, o tal vez eliminen su posición porque cuesta mucho. Puede haber alguien dispuesto a hacer el trabajo por menos dinero.

¿Cuál es el riesgo de estar a nivel intermedio como empleado de una corporación? Puede aparecer un joven que esté dispuesto a dedicarle al trabajo más horas por menos dinero, que no tenga los mismos compromisos que usted tiene, ni los hijos que tiene, ni las mismas responsabilidades suyas; en fin, que esté disponible y dispuesto a trabajar más tiempo que usted.

Mi propósito con este análisis no es asustarlo. Solo pretendo arrojarle luz ante el hecho de que hay un riesgo en tener un trabajo. La respuesta suya puede ser: "Ah, pero si yo tengo mi empresa, estoy en riesgo de perder mi casa y mi auto". Es el mismo riesgo. Si su auto y su casa no están pagados, están en igual riesgo si tiene un trabajo que si es dueño de una empresa.

¿Cuál es entonces la diferencia entre el riesgo de tener una empresa y tener un trabajo?

Esta es la diferencia. En su empresa, usted decide si corre el riesgo, cuánto riesgo corre, el alcance del riesgo, en qué áreas, por cuánto tiempo, a qué nivel y qué medidas toma para protegerse de ese riesgo. Tiene la oportunidad de medir su riesgo y calcularlo. Cuando es empleado, otro decide cuándo, cómo y cuán grande es el riesgo que le afectará, y usted no tiene nada qué decir.

Si quiere iluminación en su vida para levantar una empresa, la primera luz que necesita es apartar el pensamiento de riesgo. Entienda que todo en la vida es riesgo. Si comparamos un trabajo con una empresa, ambos son arriesgados.

La diferencia es que usted decide qué riesgos asume, contra el riesgo que corre por las decisiones que otros toman. Si pierde su casa porque es empresario, la perdió por su decisión, y no porque otro decidió despedirlo.

Siempre estará en riesgo de perder mientras tenga deudas. El riesgo se minimiza cuando las posesiones más importantes, como la casa y el auto, están pagados. Por eso debería llegar al punto de saldar las deudas sobre sus posesiones básicas. Eso le permitiría tomarse otras libertades financieras. Los riesgos se minimizan y la paz mental aumenta cuando las cosas básicas están cubiertas.

Tiene que eliminar de su mente el miedo al riesgo de ser empresario. Usted se pregunta: "¿Y si fracaso?". Yo insisto: ¿Y si le despiden de su trabajo? ¿Y si emplean a otro por usted? Todo en la vida es un riesgo. La pregunta es: ¿Cuál riesgo prefiere? ¿El que usted controla o el que otro controla por usted?

2. **"No tengo todo lo que me hace falta para ser empresario".** Decida hoy vencer este pensamiento falso. Para tener iluminación y revelación, de manera que permita a Dios hacer algo nuevo en su vida, haga un inventario de lo que tiene. Deje de poner como excusa lo que usted dice que no tiene. Las excusas

más comunes son: "No tengo los estudios", "No tengo la preparación", "No tengo los recursos financieros", "No tengo el dinero para ser empresario". "La excusa no es más que una mentira disfrazada", dice el Obispo Dale Bronner. Esas excusas le suenan a verdad y quizás se las cree, pero siguen siendo excusas y no razones válidas.

DEJE DE PONER COMO EXCUSA LO QUE USTED DICE QUE NO TIENE.

La inmensa mayoría de las empresas con más de 60 años de operaciones en Puerto Rico y los Estados Unidos fueron fundadas por visionarios sin educación formal ni recursos financieros. En muchos casos no existían los centros docentes ni tenían medios económicos para estudiar. Todavía los herederos de quinta generación cosechan frutos multimillonarios, y adaptan las empresas según lo exige el mercado para mantener su ventaja competitiva. Pero las bases operacionales fueron producto de la visión y la revelación de los fundadores.

¿Y qué me dice de empresas internacionales de hoy, fundadas en garajes incluso por estudiantes de universidad, que solo tuvieron inteligencia, empuje, creatividad y visión? El dinero no les abundaba y tenían al mundo entero en contra porque los tildaban de locos. Mire dónde están y cómo cambiaron el mundo.

La historia cuenta de muchos hombres que fundaron cadenas de empresas en los tiempos más difíciles de la economía, y se convirtieron en multimillonarios aunque algunos de ellos no sabían leer ni escribir. Lo único que sabían era sumar, restar, multiplicar y dividir. ¿Necesitaban algo más que una mente sagaz y mucha determinación?

Los tiempos han cambiado, pero en la industria que usted conoce y pretende iniciar su empresa, muy probablemente tiene lo que necesita para comenzar. Analícese con objetividad y va a encontrar que como mínimo, tiene conocimientos o talentos que le pueden generar un negocio. Si le hace falta algo más, únase a alguien que lo complemente o contrate el recurso adecuado cuando tenga el dinero.

Para ascender en la escalera corporativa, tampoco va a tener siempre todo lo que necesita. Hay puestos que le van a requerir que vuelva a estudiar, tome cursos especializados, asista a talleres o termine un grado de maestría. Nunca, ni siendo empresario ni siendo empleado, va a tener todo lo que necesita para su crecimiento profesional. Ahí es donde vienen el factor divino, la perseverancia, la creatividad, la pasión, el interés de aprender y la educación continuada en el área donde sea necesaria. Por ello, ese pensamiento de que no tiene todo lo que necesita no le debe paralizar en su impulso de lanzarse a crear su empresa o mejorar la que tiene. Yo no tengo pena en decir que todo el mundo debería lanzarse a ser un empresario, a ser un emprendedor. Todo el mundo debería, en un momento dado, comenzar su empresa.

Si le gusta, le apasiona y fue creado para trabajar como empleado de corporaciones, entonces le recomiendo lo siguiente: donde esté, funcione con una mente empresarial, entienda que también corre riesgos, trabaje de una manera diferente a los demás, y compórtese como un empresario trabajando dentro de una corporación, para que obtenga el progreso que busca.

De una vez por todas, deje de repetirse a sí mismo y decir a otros: "Yo no tengo todo lo que hace falta… yo no tengo todo lo que necesito… me falta un poquito más". Parta de la premisa de que siempre le va a hacer falta aprender, crecer y desarrollarse para levantar su empresa o crecer en una corporación. Por el momento, ¡láncese con lo que tiene!

3. **"Ser empresario es muy duro", "hay que trabajar largas horas" y "es que un empresario trabaja tanto".** Borre de su consciencia el contexto negativo de esas frases. Para que se haga la luz en su vida, empiece a producir y Dios comience a poner orden, tiene que derrotar esa consciencia. Cuando trabaja para una empresa, la empresa determina las largas horas que usted trabaja, los días que las trabaja, cuándo entra y cuándo sale, cuánto le pagan y cómo le pagan. Probablemente trabaja las horas que le exigen por miedo a que lo despidan.

La diferencia es que el empresario decide cuándo trabajar largas horas porque conoce los resultados que busca y sabe qué hacer para lograrlos. Tiene una idea clara de los resultados y el dinero que le van a producir sus largas horas de trabajo, aunque tenga que esperar para verlos. Es que hay un distintivo mayor en el empresario; un enfoque que lo impulsa y lo separa. No es que "ser empresario es muy duro", como dicen. Es que el empresario trabaja duro porque quiere obtener los resultados que busca. Y no le duelen las largas horas porque trabaja para él y para su familia, y su fe le dice que al final verá la luz de la victoria.

EL EMPRESARIO TRABAJA DURO, NO POR EL DINERO, SINO POR LOS RESULTADOS.

Es una conciencia muy diferente. Los empresarios saben que trabajan un fin de semana y tal vez no tienen dinero en la cuenta, pero obtuvieron resultados. Quizás lograron un permiso, firmaron el contrato con un cliente, acordaron una presentación de su producto, o consiguieron una cita con alguien importante para el negocio. Lo que les trae satisfacción inmediata no es el dinero, sino el resultado que finalmente les va a traer el dinero. El empresario trabaja duro, no por el dinero, sino por los resultados. Trabaja duro por decisión propia y por inspiración. Es una forma muy diferente de ver la vida. Aunque esté dispuesto a invertir largas horas, a la larga aprende que su empresa tiene unos ciclos de menos trabajo que le permiten tomarse algún tiempo libre ciertas semanas del año.

Siempre me encuentro con personas que dicen: "Es que es duro, hay que sacrificar los hijos, hay que sacrificar la familia…". Yo pregunto: "¿Usted no sacrifica la familia en su trabajo?". "Es que mi papá fue empresario y a veces no lo veía los fines de semana". Pero es que si trabaja en una compañía, a veces tampoco lo van a ver todos los fines de semana. ¿Y si fuera policía? ¿Si fuera un militar que tiene que estar fuera del país durante 3, 6, 9 meses y más? Esa es su profesión y tiene que hacer lo que le corresponde.

Tiene que alinear esa consciencia de que ser empresario es duro. Los empresarios trabajamos duro porque buscamos resultados. Es muy diferente a trabajar por un ingreso fijo. Ser empresario le abre una nueva consciencia, y le permite ver lo que Dios tiene para usted.

4. **"Ser empresario es inmoral".** Ni piense esto ni lo repita más. Tiene que entender que producir dinero legal no es malo, y cobrar por un servicio o producto tampoco es malo ni inmoral. Las personas están en los negocios para ganar dinero. El empresario les añade valor a los demás, y la Palabra de que *"el obrero es digno de su salario"* (Lucas 10:7) también se aplica a los empresarios. Nos ganamos honrosamente el derecho a cobrar por lo que producimos y a tener ganancias. Los médicos

que atienden la salud de sus pacientes obtienen ganancias, y eso no es malo porque añaden valor a las vidas de sus pacientes. El problema es que en nuestra cultura tenemos esa mentalidad muy negativa acerca del empresario. Los empresarios añaden valor a los demás.

Hace un tiempo escuchaba a un rabino contar un ejemplo muy interesante. Él hablaba de una mujer que tenía una mesa vieja que quería descartar. Para poder descartarla tenía que pagar $5 para contratar a alguien que se la llevara. Ese día llegó a su casa una persona y le preguntó qué iba a hacer ella con esa mesa. Ella respondió que la iba a tirar a la basura. El hombre le respondió: "Démela, yo me la llevo. ¿Cuánto me va a cobrar?". "Nada, yo la iba a tirar a la basura". Esa persona se la llevó y no pagó nada. La persona a quien ella le dio la mesa ganó valor porque tampoco pagó nada por desecharla. Hay ya una ganancia de $5 para ella y para él.

LOS EMPRESARIOS AÑADEN VALOR A LOS DEMÁS.

La persona pintó la mesa y gastó $10 en pintarla y arreglarla, y la puso en venta. Ese día pasa por la casa de él otra persona que quería una mesa de $50, pero vio la mesa arreglada y le preguntó cuánto costaba. Él dijo que $25 y la persona le dio los $25. El que recogió la mesa vieja hizo que la primera dueña ganara $5 porque no los gastó para desechar la mesa. El que invirtió $10 y la vendió en $25 ganó $15. Y la que se la llevó por $25 ganó $25 porque estaba dispuesta a pagar $50. Así que una sola persona le añadió valor ¿a cuánta gente?¡A sí mismo y a dos más!

No estamos acostumbrados a ver la vida así. Hay personas que se sentiría mal pensando: "Tomé la mesa en $5 y la voy a vender en $25". ¿Y el valor que le dio? ¿Y el favor que le hizo a la dueña de la mesa? ¿Y los $10 que invirtió en mejorar la mesa? Póngase a pensar. Nosotros le añadimos valor a nuestra sociedad cuando hacemos negocios. No es inmoral obtener ganancias. De eso se tratan los negocios. Para eso creamos empresas.

5. **"No es el tiempo correcto".** He escuchado: "Yo sé que voy a ser empresario, pero no es el tiempo correcto". La pregunta es: ¿Cuál es el tiempo correcto? ¿En tiempos de abundancia? ¿En tiempos de pobreza? ¿Cuando tengo trabajo? ¿Cuando me despiden? Piense en cuándo es el tiempo correcto. El tiempo correcto es cuando decida ser empresario. Hay personas que han creado empresas grandes en los tiempos de abundancia. Hay personas que en los tiempos de pobreza encuentran grandes oportunidades.

Si no tenemos esto claro en nuestros corazones, estaremos la vida entera esperando las condiciones externas "perfectas", sin darnos cuenta de que somos nosotros quienes creamos esas condiciones.

EJERCICIOS

1. Haga una lista de las conductas, decisiones o palabras de otros que lo hacen reaccionar por reflejo, de manera predecible para los demás.

2. Escriba un plan para manejar todos los conceptos negativos que tiene o recibe de otros, sobre la posibilidad de crear una empresa o su aspiración de elevarla a dimensiones extraordinarias.

3

CAMBIE SU CONCIENCIA

Tenemos que hacer un cambio de conciencia para convertirnos en lo que Dios quiere que seamos antes de aplicar los principios de la creación de Dios. Cuando observamos la creación del huerto del Edén, concluimos que era el lugar más hermoso que había en la tierra. Era el lugar perfecto. ¿Qué hizo que este lugar hubiera sido tan próspero?

Este lugar estaba rodeado de ríos. Las civilizaciones antiguas se establecían de acuerdo a las masas de agua. La proximidad al agua determinaba dónde las personas establecían las ciudades o los pueblos; no solamente porque el agua se usaba para beber, cocinar, asearse o trabajar, sino porque era un medio de transporte y de intercambio comercial. Si había guerras entre las tribus, el agua era un elemento de separación. Hubo muchas luchas por el control de las masas de agua.

Vemos ciudades que no han tenido agua a su alrededor y el hombre provocó que llegara agua al lugar. Así que si no hay agua, no hay civilización ni hay progreso. En el huerto del Edén había tanta abundancia, que si una de las vertientes se secaba, las otras vertientes proveían.

¿Cómo traducimos esto al mundo empresarial? Cuando se decida a ser empresario, empiece a cambiar su conciencia cultural siguiendo estos pasos:

1. Piense de antemano en desarrollar múltiples fuentes de ingreso; aprenda a maximizar.

¿Qué les pasa a las personas hoy día? Si pierden su trabajo, no hay otro ingreso. Si pierden su único negocio, no hay otra fuente de ingreso. Es que nos educaron con esa mentalidad. Sin embargo, no fuimos hechos para sobrevivir con una sola fuente de ingreso. Tenemos que establecer varios canales de provisión para que fluya la bendición de Dios a través de ellos. Este es un cambio cultural que muchas personas no entienden, ni están dispuestas a hacer.

TENEMOS QUE ESTABLECER VARIOS CANALES DE PROVISIÓN PARA QUE FLUYA LA BENDICIÓN DE DIOS.

Todos los patriarcas de la Biblia tenían al menos cuatro negocios. Abraham tenía cuatro negocios según Génesis 12:16: *"...y él tuvo ovejas, vacas, asnos, siervos, criadas, asnas y camellos"*. La Palabra describe que él tenía cuatro tipos de ganado. Cada ganado era diferente, y no se podían tratar de la misma manera porque se reproducían en diferentes tiempos. Mientras las ovejas no se multiplicaban, los camellos se estaban multiplicando. Mientras estos no se multiplicaban, las vacas estaban multiplicándose.

Otro de los negocios que hizo próspero a Abraham era el de los siervos. Abraham tenía un personal amplio, y no todos se multiplicaban a la misma vez, de manera que tenía ganancias en diferentes tiempos con sus ventas.

Jacob tenía cuatro negocios: *"y tengo vacas, asnos, ovejas, y siervos y siervas; y envío a decirlo a mi señor, para hallar gracia en tus ojos"* (Génesis 32:5).

Isaac tenía cuatro negocios: *"El varón se enriqueció, y fue prosperado, y se engrandeció hasta hacerse muy poderoso. Y tuvo hato de ovejas, y hato de vacas, y mucha labranza; y los filisteos le tuvieron envidia. Y todos los pozos que habían abierto los criados de Abraham su padre en sus días, los filisteos los habían cegado y llenado de tierra... Y volvió a abrir Isaac los pozos de agua que habían abierto en los días de Abraham su padre, y que los filisteos habían cegado después de la muerte de Abraham; y los llamó por los nombres que su padre los había llamado."* (Génesis 26:12–14, 18).

Job era un hombre próspero en su tiempo porque tenía más de cuatro negocios. *"Su hacienda era siete mil ovejas, tres mil camellos, quinientas yuntas de bueyes, quinientas asnas, y muchísimos criados; y era aquel varón más grande que todos los orientales"* (Job 1:3).

Esta es la manera como piensa el pueblo judío: en la multiplicidad de negocios. Tradicionalmente, nosotros no pensamos así, ni aún dentro de nuestra empresa. Sin embargo, la historia empresarial de antes y la que presenciamos ahora demuestran que la maximización y la multiplicidad de negocios a partir de un solo empresario es una norma del éxito. Por supuesto, la maximización se inicia en el momento oportuno.

Una vez se lanza a ser empresario y decide asumir los riesgos que esto implica, lo más sabio es planificar cómo establecer diferentes fuentes de ingresos que produzcan beneficios en diferentes momentos. Es imperativo crear un ciclo de negocios que multiplique sus ingresos todo el año, de manera pasiva y activa.

LA MAXIMIZACIÓN Y LA MULTIPLICIDAD DE NEGOCIOS A PARTIR DE UN SOLO EMPRESARIO ES UNA NORMA DEL ÉXITO.

No se ponga ansioso ni se sienta presionado. Quizás en este momento está aprendiendo a crear su primera empresa. Le adelanto este cambio de conciencia para que extienda su visión más allá de sus comienzos.

Si está restructurando su empresa, este puede ser el momento de implementar ese cambio de conciencia. Gracias a este concepto de maximización, empresas que empezaron como negocios locales se han convertido en monstruos corporativos a nivel internacional.

Otro estilo de maximización se ve en las compañías más exitosas que se conocen como los grupos o conglomerados, organizados para mantenerse a la vanguardia de sus industrias.

Una es *Disney*, que hoy maneja *ESPN* de deportes y otras cuantas empresas adicionales. Es muy buen ejemplo porque ellos mismos crean, fabrican, promueven y distribuyen. Lanzan un personaje en un programa de televisión, le graban un disco, lo hacen famoso, le promueven para celebrar conciertos, le producen una película. A un mismo artista lo utilizan para todas sus compañías. Eso es maximizar. Otra es *Comstat*. Empezó como una pequeña empresa de servicios de televisión por cable y ahora es dueña de *General Electric, NBC, Telemundo*, decenas de empresas más relacionadas con las comunicaciones, y a saber cuántas que desconocemos.

Cuando hablamos de un conglomerado, hablamos de maximizar y de multiplicar los recursos que tenemos para expandir. Si dentro de su propia empresa abre otro canal de distribución, otro canal de ingreso, no está minimizando riesgos. Está aumentando riesgos, pero asume riesgos para expandir mercados, productos, servicios, o los tres. Maximizar es multiplicar sus recursos disponibles para expandir su empresa.

MAXIMIZAR ES MULTIPLICAR SUS RECURSOS DISPONIBLES PARA EXPANDIR SU EMPRESA.

Hay empresarios que confunden el principio de maximización con la diversificación, y en vez de afianzar sus negocios, se diluyen. Cuando se diluye, pierde dinero, energías y tiempo. Usted maximiza cuando tiene un negocio principal y todo lo demás que se le ocurre hacer, ayuda a desarrollar lo principal. Usted quiere maximizarse, no diluirse; buscar canales para maximizar el esfuerzo principal.

¿Qué es diversificar? Diversificar es un término financiero para minimizar riesgos de inversión. Por ejemplo, si tiene inversiones, mientras más aumenta su edad, menos riesgos debe asumir al invertir porque tiene menos tiempo para recuperar el dinero. Entonces diversifica sus inversiones cada vez más, para minimizar riesgos y no perder su dinero.

Si decide levantar cuatro fuentes de ingreso como los ejemplos anteriores, no necesariamente tiene que fundar cuatro empresas diferentes. Una misma empresa puede tener múltiples fuentes de ingreso. Es importante crear una base principal de ingresos, pero aprendamos a no enfocarnos en una sola fuente, sino partir de esa base para desarrollar multiplicación.

2. Libérese de la respuesta al timbre.

El otro acondicionamiento de la cultura es lo que se llama en psicología "respuesta condicionada", que es la reacción o respuesta al timbre. Eso significa que otro marca el tiempo de nuestras vidas y crea unas reacciones predecibles a ciertas situaciones. Desde niñitos cuando vamos a la escuela, cambiamos de salón, y entramos o salimos cuando alguien aprieta un botón y suena un timbre. La cultura ha hecho eso parte de nuestra vida. ¿De dónde salió esto? De la Revolución Industrial porque los empleados entraban a trabajar al sonido de un timbre, y al final de la jornada estaban pendientes de que sonara el timbre para salir. Ya quizás no hay un timbre en su trabajo, pero hay un reloj y hay alguien estableciendo esa reacción. ¿Cuántas personas hoy en su vida financiera viven reaccionando a los botones que aprietan otros, no necesariamente en el sentido literal, pero sí en el sentido psicológico?

La respuesta al timbre es el reflejo condicionado que se establece mediante un estímulo también condicionado, solo que la cultura la ha adoptado a su conveniencia. A finales del siglo XIX, un fisiólogo ruso ganador del Premio Nobel, Ivan Pavlov, sospechaba que los humanos reaccionamos a base de reflejos condicionados por situaciones o estímulos. Hizo sus experimentos con perros porque no podía hacerlos con humanos. Este fue su famoso experimento: les presentaba a los perros comida con el sonido de un timbre y los perros reaccionaban salivando. Entonces quitó la comida y solamente sonó el timbre. Los perros salivaron de todas maneras porque habían asociado el estímulo primario (la comida) con el secundario (el timbre), y se creó un reflejo condicionado. Este experimento es la base de la tesis de condicionamiento clásico utilizado en la educación, y de muchas estrategias para lograr de la gente la conducta que se desea.

El ser humano tiene una tendencia natural a desarrollar una respuesta automática a un estímulo asociado, aunque no vea la recompensa que le interesa. Dicho más claro, tendemos a reaccionar por reflejos a base de las condiciones que controlan otras personas. El timbre, en todos sus usos, crea una respuesta automática involuntaria, aunque no le guste que el timbre lo controle otra persona.

Tiene que vencer el acondicionamiento o costumbre de que otro disponga de su tiempo o de usted, con un timbre real o con algo que lo haga reaccionar como el otro quiere. Su reacción al timbre o a la decisión de otro ocurre a base de lo que usted espera que le den, aunque no lo reciba.

Tiene que haber un momento cuando entienda que no debe estar reaccionando a las decisiones de otros. Asuma el control sobre su persona, sus decisiones y su tiempo. Hay personas a quienes se les hace difícil funcionar como empresarios porque fueron empleados tanto tiempo, dependiendo de las decisiones de otros, que no saben administrarse a sí mismos ni se atreven a tomar decisiones; se sienten perdidos.

ASUMA EL CONTROL SOBRE SU PERSONA, SUS DECISIONES Y SU TIEMPO.

Tiene que ser proactivo y moverse a la dimensión empresarial, para que pueda empezar a crear lo nuevo que Dios tiene para usted. Piense en cuántas personas saben los botones que tienen que oprimir en su vida para obtener lo que desean. La sociedad sabe qué botones oprimir, su jefe sabe qué botones apretar, su cónyuge los conoce y otros seres queridos también. Cuando está pensando irse del trabajo, le dan un poquito de aumento para que no se vaya y vuelve a reaccionar, una y otra vez. Usted tiene que romper esa manera de pensar.

Dios es el que debe determinar. Si Dios dice que este es el momento de que comience una empresa, este es su momento, y no el que otro dice. Una de las cosas más grandes que debe alcanzar es la libertad de funcionar por sí mismo, y no a base de las deudas que tenga, o de las decisiones o estímulos de otros. Es triste esperar a que otro oprima un botón. Una de sus metas debe ser su libertad.

ES TRISTE ESPERAR A QUE OTRO OPRIMA UN BOTÓN. UNA DE SUS METAS DEBE SER SU LIBERTAD.

---

3. Dé a los empresarios el honor que merecen.

La tercera conciencia cultural que tenemos que romper es que en las pasadas décadas ha prevalecido la importancia de educarse para obtener una profesión. Eso no está mal, pero como resultado, se dignifica a las profesiones y se desacredita a los empresarios. Nuestra sociedad penaliza el éxito empresarial. Hay empresarios que no prosperan porque se sienten mal en cobrarles a otros por algo. Cuando no dignificamos el ser empresario y le damos valor únicamente a las profesiones, las personas están dispuestas a pagar más por un servicio profesional que por un servicio empresarial. No cuestionan la factura de un médico, pero sí cuestionan la factura de un empresario porque creen que hay algo oculto. Tiene que entender que ser un empresario es algo honorable y añade valor a la sociedad.

Por eso el momento de crisis económica es el mejor momento de crear empresas, porque las personas buscan cómo añadir valor al poco dinero que tienen. Si es capaz de añadir valor a alguien, puede crear una empresa.

EL MOMENTO DE CRISIS ECONÓMICA ES EL MEJOR MOMENTO DE CREAR EMPRESAS.

En esta misma línea de pensamiento, a menudo tenemos que combatir el concepto social de lo que es un empresario pequeño o un negocio pequeño. Siempre hay personas que además de desacreditar al empresario, lo menosprecian si tiene "un negocio pequeño". Aclaremos unos términos.

4. **¿Qué es un negocio pequeño?**

Un negocio pequeño, según la definición oficial de la Administración de Pequeños Negocios (*SBA, Small Business Administration*), es un negocio independiente que tiene menos de 500 empleados. Su participación en el mundo de los negocios es impresionante, según las cifras más recientes:

• Son el 99,7% de las firmas que proporcionan empleos.

• Generan el 64% del neto de los nuevos empleos del sector privado; el 49,2% de los empleos del sector privado; el 42,9% de la nómina del sector privado; el 43% de los empleos de alta tecnología.

- Integran el 98% de firmas que exportan bienes.

- Representan el 33% del valor de exportación.

En el 2010 en los Estados Unidos, había 27,9 millones de pequeños negocios. Las firmas pequeñas fueron responsables de la creación del 64% (11,8 millones de los 18,5 millones de empleos) de los nuevos empleos netos entre 1993 y 2011. Desde la última recesión (2009-2011), los negocios pequeños han generado el 67% de nuevos empleos netos en la economía estadounidense. ¿Son importantes o no? ¿Qué cree usted?

Los tipos de pequeños negocios que existen son:

Con base en el hogar	52%
Franquicias	2%
Un solo propietario	73,2%
Corporación	19,5%
Negocios sin empleados	78,5%
Negocios con empleados	21,5%

Ya sabe lo que es un "pequeño negocio". No permita que lo menosprecien. Usted puede ser dueño de un "pequeño negocio" toda la vida, obtener grandes resultados y alcanzar éxitos financieros que excedan sus expectativas.

EJERCICIOS:

1. En la lista de los cambios de conciencia cultural, ¿cuál es el cambio más importante que le afecta y usted cree que debe hacer? ¿Cuál es el más difícil? ¿Cuál es el más fácil?

2. ¿Qué es maximización? Imagine la empresa que pretende crear y describa cómo la puede maximizar.

PARTE II

HACIA LA CREACIÓN DEL ÉXITO EMPRESARIAL

4

"SEA LA LUZ": EL TIEMPO CORRECTO ES ¡HOY!

"**Y** dijo Dios: Sea la luz; y fue la luz. Y vio Dios que la luz era buena; y separó Dios la luz de las tinieblas. Y llamó Dios a la luz Día, y a las tinieblas llamó Noche. Y fue la tarde y la mañana un día, Luego dijo Dios: Haya expansión en medio de las aguas, y separe las aguas de las aguas" (Génesis 1:3-6)."

Una de las palabras que ve repetidamente en la creación es la palabra "**sea**". Esa palabra parece muy sencilla, pero es demasiado importante porque la palabra "sea" es lo que da paso a lo próximo que viene a la existencia. Según el Diccionario de la Real Academia Española, "ser" se usa "para afirmar del sujeto lo que significa el atributo", y significa además "suceder, acontecer, tener lugar".

La palabra "sea" (el imperativo de "ser") es un mandato para darle paso a lo que usted quiere que venga a la existencia. Es ordenar que las cosas sucedan: "Sea la luz". Dios no creó el mundo diciendo: "¿Será?", "¿Podrá ser?". Dios ordenó: "Sea". Dios no dudaba de nada. Tampoco dude usted.

Ya aprendió en el capítulo anterior algunos de los cambios emocionales y espirituales que necesita hacer para tener la libertad de emprender su negocio hacia mayores dimensiones. Son los cambios internos para permitir que lo que Dios quiere hacer, "sea". "Sea" implica quitar todas las limitaciones para que ocurra algo: "Sea la luz". Vamos a darle paso a lo nuevo. Desee cosas nuevas, desee nuevos retos en su vida, en todo el sentido de la palabra.

Aquí empezamos el lenguaje empresarial.

SEPARACIÓN: ¿QUÉ LE HACE DIFERENTE?

En los primeros dos días de la creación del mundo, el concepto principal es la **separación**. Dios separa la luz de las tinieblas. Dios separa el cielo de la tierra, y separa las aguas de las aguas. Así que el primer concepto es separar las cosas. Dios hizo luz y Dios llamó a la luz "luz" y a las tinieblas, "tinieblas". Hizo una separación. Luego separó las aguas de las aguas y después tuvo que abrir el paso para que entrara lo seco, que es la tierra. Entonces hubo otro proceso de separación donde se separó el cielo de la tierra.

El primer día de la creación de una nueva empresa es el día de la luz. El día que recibe la revelación de que su empresa puede renovarse y llegar a donde usted sueña, también es el día de la luz.

La creación de la luz, el cielo y la tierra en la Biblia traen un concepto empresarial que, desde otros puntos de vista, es tradicionalmente antipático: la separación. En términos sociales y emocionales, la palabra "separación" se percibe como negativa y se relaciona con pérdida. En la creación y el desarrollo de una empresa, esa "separación" es crucial para el éxito y, bien utilizada, se relaciona con ganancias.

Examinemos en detalle lo que representa en negocios la separación, muy importante para un empresario. La separación representa que usted se diferencia de otros empresarios, y cómo su empresa, sus productos o sus servicios se diferencian de otras empresas, productos o servicios disponibles en su mercado. ¿Qué separa a su empresa de otras dentro del mismo ramo? ¿Qué la hace única? ¿Qué la separa del grupo? ¿Qué ofrece que no ofrecen otras para que quieran hacer negocios con usted, escojan sus servicios o compren sus productos? ¿Qué le distingue para que lo escojan sobre otras empresas? ¿Por qué lo preferirían? Eso es separación. ¿Sabe qué lo separa? Eso es lo que identificamos más adelante como ventaja competitiva.

Separación es lo que hay de Dios en usted que lo distingue de los demás. Puede llegar a ser lo que cause que los clientes de un producto o servicio lo prefieran.

La separación del cielo y la tierra es el día cuando creó y definió su empresa como un negocio de características únicas para ofrecer servicios o productos a su propia manera, diferente a los demás, con el potencial de llegar a ser un canal para la vida que Dios le prometió.

LA LUZ Y LA REVELACIÓN

Contrario a lo que pretendemos creer, tal vez como excusa, no son las decisiones de otras personas las que determinan la cantidad de dinero que puede ganar en su vida. Son sus decisiones las que determinan sus riquezas. No son las decisiones de otros.

Ni Dios mismo determina la cantidad de riquezas que nosotros tendremos. Somos hijos de un rey que es dueño del oro y de la plata, ya nos dio el poder de hacer las riquezas y prometió hacer prosperar la obra de nuestras manos. Ya Él lo hizo.

En algunas circunstancias, las decisiones de otros influyen, pero no son determinantes. Tenemos que comenzar a tomar las decisiones correctas en el orden correcto para obtener lo que deseamos alcanzar, lo que queremos proyectar, lo que debemos permitir que Dios haga a través de nosotros. Dios tiene que hacer negocios a través de nosotros y quiere hacerlos. Para eso tenemos sus principios.

SON SUS DECISIONES LAS QUE DETERMINAN SUS RIQUEZAS. NO SON LAS DECISIONES DE OTROS.

La luz representa la iluminación o revelación necesarias para establecer el orden correcto en los demás factores como los recursos y la atmósfera de su empresa. Primero tenemos que aprender a encender la luz: recibir la revelación que llevamos en nuestro interior. Luego, guiados por esa revelación, implementamos las ideas que sabemos que nos pueden llevar al éxito.

Las ideas son la luz para cualquier hombre que desea desarrollar una empresa exitosa, pues lo que siempre ha generado prosperidad no es solo el dinero, sino las buenas ideas. Tiene que despertarse en usted la conciencia empresarial y apartar los pensamientos negativos que le enseñaron para tener una mente clara que reciba la luz de las ideas.

El día correcto para comenzar su empresa es el día cuando recibe revelación. Es el día cuando hay luz en su vida.

Antes de ese momento no hay luz, sino oscuridad, porque no ha analizado, no sabe para dónde va, no permite que Dios traiga nada nuevo a su vida. Aún no ha recibido revelación y no puede permitir que Él traiga lo que quiere traer. Por eso es usted quien sabe el tiempo cuando puede crear su empresa. El mundo, sus amigos y familiares se ocupan muy bien de desalentarlo si menciona su intención de crear un negocio. Pueden incluso tildarlo de "loco". En general, las personas temen desarrollar negocios y ver que las personas cercanas se atrevan a hacerlo, especialmente en tiempos de fragilidad económica como la que ha habido en la última década.

Por eso les presento a continuación una lista de algunas de las empresas que se fundaron durante serias crisis económicas en los Estados Unidos. Sus fundadores demostraron que los momentos de crisis son los momentos de mayor oportunidad. Algunas de estas empresas se atrevieron a ser pioneras en sectores industriales que empezaban a desarrollarse. Unas han sufrido reajustes durante sus años de operaciones y han tenido que atemperarse a los cambios del mercado, pero han sobrevivido. Otras se han fusionado con empresas afines o diferentes para crear imperios poderosos. Todavía son empresas reconocidas por la publicación *Fortune 500* durante décadas, y consumimos sus productos en el mundo entero. Hay algo que las distingue: su visión, sus acertadas decisiones y su tesón de continuar en el mercado.

LOS MOMENTOS DE CRISIS SON LOS MOMENTOS DE MAYOR OPORTUNIDAD.

IBM, General Electric y *Procter & Gamble*- Se fundaron durante el Pánico de 1873.

General Motors- Se fundó durante el Pánico de 1907.

Otras empresas se fundaron en el período de la Gran Depresión que empezó en el año 1929:

- *United Technologies (Aerospace)* y las tiendas *Macy's*- 1929.

- *Neutrogena* (productos de belleza) y *Fisher Price* (juguetes)- 1930

- *Revlon Cosmetics, Nissan* y la exclusiva tienda de muebles *Ethan Allen*- 1932

Recesión y crisis petrolera del 1971-75:

- *Federal Express (Fedex)*- Se fundó durante la Recesión y la crisis petrolera de 1971.

- *Microsoft*- Se creó durante la Recesión de 1973.

- *Twitter*- Se fundó en 2006 (al inicio de la pasada recesión)

El que pueda añadir valor a las personas aprovecha las grandes oportunidades que ofrecen las crisis. El momento para levantar una empresa es hoy. ¿Acepta por fin el reto empresarial? Necesita tener varias cualidades específicas:

1. Un empresario se caracteriza por su **confianza**. Tiene confianza en sí mismo, en el mercado, en el pueblo y en la sociedad. Tener confianza no es estar excesiva y ciegamente confiado, creyendo que los asuntos se resuelven solos. Me refiero a esa seguridad interior de que puede lograr lo que desea.

2. El empresario tiene que ser **optimista**. No hay tal cosa como un verdadero empresario si no es optimista. Tiene que ser op-

timista porque debe ver posibilidades y oportunidades donde otros no las ven. Tiene que mirar el futuro con la luz de Dios, con claridad. Mientras otros ven tinieblas porque hay riesgos, él ve la solución y la oportunidad detrás del riesgo. En todo, piensa desde un punto de vista diferente.

3. Ser empresario requiere ser **valiente**. Necesita valor para emprender lo nuevo, defender decisiones y actuar ante situaciones aun cuando parezca tenerlo todo en contra.

4. Tiene que estar **enfocado en resultados**. Insisto: los empresarios no trabajamos por dinero. Trabajamos por resultados y los resultados producen dinero. Usted tiene que promover resultados en su empresa.

5. El empresario tiene que **estar inspirado**. Un empresario exitoso no se deja dominar por la frustración. Siempre está inspirado. Para mantenerse inspirado, tiene que oír las palabras correctas, relacionarse con las personas correctas y mirar posibilidades. Si está en el círculo incorrecto de personas, nunca va a ser empresario y si lo es, se le va a hacer difícil llegar al éxito.

REQUISITOS PARA SU PROCESO DE CREACIÓN

Para entrar en el nivel creativo de Dios de iniciar su empresa bajo la luz de la revelación, tenga en cuenta los siguientes requisitos:

1. **Visión.** Si no hay visión, no se puede ser empresario ni se puede dar paso a algo nuevo. La visión es lo que usted concibe mental y espiritualmente sobre lo que serán su empresa y su vida. No confunda este significado de visión con la visión que explicaremos más adelante sobre escribir la *Visión* donde estipula con fines legales la razón de ser de un negocio. El concepto de visión al que me refiero en este momento y que necesita para su negocio se basa en que *"lo que se ve fue hecho de lo que no se veía"* (Hebreos 11:3). Cuando quiere hacer realidad la idea de un negocio, debe tener una visión clara de lo que desea. Véalo en su mente y en su espíritu con todos los detalles.

DEBE TENER UNA VISIÓN CLARA DE LO QUE DESEA.

2. **Esfuerzo.** El camino del empresario no es un camino sin esfuerzo. Es un camino con mucho esfuerzo. La persona que no está dispuesta a poner esfuerzo, que dice: "Voy a hacer un negocio para trabajar menos", está equivocada y no tiene la menor idea de las responsabilidades que acarrea fundar una empresa y levantarla. El verdadero empresario dice: "Yo voy a tener un negocio para tener otras oportunidades. Yo voy a tener un negocio para hacer otras cosas, aunque sepa que tengo que trabajar más. Será algo mío, desatará mis talentos y habilidades, y me sentiré realizado e independiente. Toda mi vida se transformará y lograré victorias para Dios, para mi familia y para mí".

El empresario sabe que va a trabajar más, pero su visión y su esfuerzo están dirigidos a abrirles el paso a las nuevas oportunidades de Dios para él, y en su momento, para otros.

3. **Valentía.** Crear una empresa es para los valientes. Un empresario es alguien que se arriesga; que se atreve a lanzarse. Iniciar, desarrollar y mantener con éxito una empresa es de valientes porque tiene que saber enfrentarse a lo que ocurra a corto y a largo plazo, los imprevistos y los retos diarios sobre los que muchas veces no tiene control ni manera de evitarlos. Tiene que dominar el miedo a lo desconocido porque tendrá que manejar muchas situaciones que no había conocido antes. Todas las decisiones que toma conllevan riesgos. Necesita mucha fuerza interior.

4. Orden. Para dar paso a lo creativo y al plan de Dios, tiene que haber orden. Recuerde que Dios es un Dios de orden. Las personas suelen pensar que la creatividad se expresa "a lo loco", pero la creatividad siempre tiene un orden. Muchas personas conocen o han escuchado los detalles de este orden para organizar la creatividad y que produzca ingresos económicos. Lo que pasa es que no ven la importancia de seguir esos pasos y revisarlos continuamente. Se involucran en los detalles básicos del día a día del negocio, olvidan el proceso y el panorama completo, y ahí es donde fallan. Cuando observamos la Palabra del Señor en el libro de Génesis, vemos que Él no hizo las cosas a lo loco. Entienda bien estos principios.

Primero, Dios creó las condiciones correctas. Usted tiene que crear las condiciones correctas para su empresa en medio de las situaciones que vive el mundo. Vuelvo a una de las preguntas que más se hacen los empresarios potenciales: cuándo es el momento de comenzar su empresa. Mi respuesta es: "Cuando usted lo decida". Me responden: "Las condiciones las crea el lugar donde vivimos". ¡No! En el lugar donde vivimos hay unas condiciones que tiene que reconocer, pero dentro de ese sistema tiene que crear las condiciones correctas para lo que Dios quiere traer a su vida. Dios primero creó las condiciones correctas.

TIENE QUE CREAR LAS CONDICIONES CORRECTAS PARA SU EMPRESA EN MEDIO DE LAS SITUACIONES QUE VIVE EL MUNDO.

Segundo, Dios creó los recursos correctos: los animales, las plantas, las aguas. De la misma manera, tiene que disponer de los recursos correctos y empezar a trabajar en ellos para que entonces "sea" la empresa que Dios tiene dentro de usted y "sea" el propósito de Dios en su vida.

Tercero, Dios puso al hombre dentro de ese huerto. Para nosotros el hombre representa la empresa. Dios puso la empresa dentro de ese orden, dentro de las condiciones y de los recursos correctos. Usted no se lanza a crear una empresa antes de crear condiciones y recursos correctos, que de inicio no tienen que ser ilimitados. Crea las condiciones y los recursos correctos y ahí posiciona su empresa, ya sea con un producto o con un servicio.

Como hijo de Dios, se le debería hacer fácil simplemente empezar a trabajar, pero no es así. ¿Por qué? Porque tiene que vencer los estilos de conciencia que la cultura le ha inculcado desde que nació. En este instante, haga lo siguiente:

- Visualice su empresa.
- Reconozca sus impedimentos personales.
- Elimine esos impedimentos.
- Deseche los miedos.
- Llénese de valentía y de fe.
- Determínese a seguir el orden correcto para levantar su nueva empresa o la que ya tiene.
- Siga leyendo y aplique lo que lea.

Hay personas que no prosperan en las empresas porque van con la conciencia incorrecta. Se lanzan sin que haya luz en su corazón, ni iluminación en su mente. Esto es lo primero que tiene que pasar en su vida: que se haga la luz, y que la iluminación y la revelación creen un proceso interno que despierte esta oportunidad, y se rompan los límites que no le han permitido a Dios hacer lo que Él quiere hacer con usted.

Reitero: tiene que atreverse a asumir riesgos y recordar que los empresarios trabajamos duro porque estamos enfocados en resultados.

Todo eso ocurre cuando recibe e implementa la revelación.

EJERCICIOS

1. ¿Qué pensamientos le detienen para decidirse a crear su empresa?

2. ¿Cuál opina que es el momento correcto para crear una empresa?

3. Nos referimos a las cualidades de un empresario y a los requisitos para su creatividad. ¿Cuál o cuáles, si es que alguna, le faltan a usted? ¿Cuáles posee?

4. ¿Qué riesgos reales cree que correría si decidiera crear una empresa o mover su empresa hacia una dimensión superior?

5. ¿Le gusta el orden o tiende a ser improvisado e indisciplinado?

6. ¿Por qué cree que tantos empresarios inician negocios en tiempos de crisis económica? ¿Por qué lo haría usted?

5

LOS CIELOS Y LA TIERRA: SOÑAR Y CREAR LAS BASES DE SU EMPRESA

"**E**hizo Dios la expansión, y separó las aguas que estaban debajo de la expansión, de las aguas que estaban sobre la expansión. Y fue así. Y llamó Dios a la expansión Cielos. Y fue la tarde y la mañana el día segundo. Dijo también Dios: Júntense las aguas que están debajo de los cielos en un lugar, y descúbrase lo seco. Y fue así. Y llamó Dios a lo seco Tierra, y a la reunión de las aguas llamó Mares. Y vio Dios que era bueno"* (Génesis 1:7-10).

LOS CIELOS: VISIONES, SUEÑOS Y PROYECCIONES

Dios dividió los cielos de la tierra en el segundo día. Si hablamos bíblicamente, los hombres de Dios que prosperaron, prosperaron cuando miraron los cielos, como por ejemplo, Abraham (Génesis 15:5).

Los cielos son los que producen la inspiración y la pasión para alcanzar las metas y los sueños. Observe y verá que la vida empresarial y el progreso de personas como Abraham, Jacob y José, comenzaron cuando tuvieron una visión celestial.

La segunda etapa en la creación o la renovación de su empresa tiene que ver con recibir de los cielos los tres elementos imprescindibles para desarrollar un negocio: **visiones, sueños y proyecciones.** Ya ha decidido asumir el rol empresarial y correr el riesgo; está dispuesto a trabajar; sabe que no necesita tener todo para poder comenzar; tiene clara su mente sobre lo que desea; ha recibido luz y revelación y ve que hay posibilidades. Este es el momento cuando tiene que mirar hacia los cielos para expandir su visión y soñar en grande.

El momento que debería ser inspirador y lleno de dirección es donde muchas personas ya comienzan a fracasar. Limitan sus proyecciones a levantar una empresa para simplemente sobrevivir. No miran a los cielos en su pleno significado:

- Crear, desarrollar y alcanzar la máxima realización de las metas.

- Ofrecer los servicios que las personas necesitan.

- Ganar dinero para sí y para dejar herencia a su próxima generación.

Sobrevivir no apasiona a nadie. Pero recibir lo ilimitado de los cielos sí apasiona al empresario porque se abre un mundo de posibilidades.

Un empresario es alguien apasionado; alguien que quiere cambiar el mundo. ¿Por qué Cristo trajo empresarios a su ministerio? Porque eran personas ocupadas que trabajaban y sabían seguir la visión. Cuando el Señor les dijo a Pedro y a Andrés: *"Venid en pos de mí y os haré pescadores de hombres"* (Mateo 14:19), Pedro salió con la inspiración de que iba a conquistar el mundo y que en algún sentido él continuaría haciendo lo que conocía y para lo que era diestro.

SOBREVIVIR NO APASIONA A NADIE. PERO RECIBIR LO ILIMITADO DE LOS CIELOS SÍ APASIONA.

Dios usa nuestros talentos y destrezas naturales para prosperarnos. Alcanzar el éxito no es un proceso mágico, ni mucho menos místico; es el resultado de mucho trabajo guiado por la revelación y la inspiración divina.

¿Cuáles son los cielos de su empresa? ¿Cuáles son los cielos de su vida? ¿Cuáles son sus proyecciones? ¿Cuáles son las cosas que lo inspiran? Quiero que se haga unas preguntas para establecer los cielos que hay para usted.

¿Qué quiere alcanzar Dios a través de mí, a través de mi empresa, con respecto a mi producto? Deje que Dios le responda. Deje que Dios le hable. Comience a soñar y a visualizar cosas grandes.

¿Cómo puede esta empresa cambiar mi vida, la de mi familia y la de la comunidad donde vivo? ¿Cómo el servicio que yo doy o el producto que vendo pueden cambiar esta comunidad, esta sociedad?

¿Cómo yo, con el mismo esfuerzo, puedo ayudar a miles? ¿Qué

cambios puedo lograr a través de mi empresa, que también cambien a otros empresarios y beneficien al mundo entero?

Eso es lo que inspira a uno. Esos son los cielos. Dios le dijo a Abraham que le iba a dar naciones. Abraham toda su vida trabajó para un solo hijo, pero lo hizo como si fuera a tener millones de hijos. El problema es que hay personas que no quieren soñar con cielos grandes porque temen desilusionarse si no realizan sus sueños. Usted tiene que visualizar su empresa hacia esa dimensión, ya sea que la esté comenzando o la esté renovando.

¿A qué grupos de personas hemos sido asignados mi empresa y yo? Eso es lo que apasiona; eso es lo que va a abrir sus cielos. Tiene que conocer qué cielos le ha abierto Dios en su vida. Pregúntele a Dios: ¿Hacia dónde y hacia quiénes tiene que dirigirse mi empresa?

Los cielos se van a abrir cuando se haga esa pregunta. Tiene que reconocer y amar el lugar y a las personas a quienes Dios le ha asignado a servir, porque trabajar con personas específicas requiere su pasión. Si trata de desarrollar un negocio para servir a personas a quienes no está asignado, pierde su pasión porque está haciendo negocios por una sola razón: el dinero.

Cuando hablamos en términos empresariales, los cielos y su abundancia se abren para su empresa, y sus negocios crecen cuando reconoce el lugar y el mercado (los consumidores) a los que su empresa fue llamada a servir con sus productos y servicios. Entonces llena esas necesidades de la población y su empresa aumenta sus ganancias. Por no ser conscientes de eso, hay empresarios que se vuelven corruptos financieramente. Ellos invierten en empresas única y exclusivamente porque creen que ahí hay dinero, sin un sentido de servicio a Dios y a las personas.

¿Cuál será mi legado para mi familia y para el mundo? Piense en el legado que va a dejar a sus hijos y a la sociedad a través de su empresa.

¿Cuál es el potencial del producto o del servicio que ofrezco? ¿Hasta dónde puede llegar esto? ¿Hasta dónde puedo maximizarlo? ¿Cuál es el impulso, el alcance que esto puede tener?

¿Quién o quiénes podrán prosperar por causa de mi empresa? ¿A quién puedo yo llevar conmigo a la riqueza? ¿A cuántas personas quiero emplear y a cuántas personas puedo impulsar en mi vida con esta empresa? ¿Cuántas personas van a prosperar por causa de lo que yo estoy haciendo, por causa de su relación conmigo?

Usted debe pensar en cuántos empleados quisiera tener y a cuántas personas quisiera ayudar. Bill Gates ha sido uno de los hombres que ha ayudado a más personas a convertirse en millonarias porque todas las que comenzaron con él, hoy son multimillonarias. Esa es una pasión.

¿A cuántas personas podrá usted ayudar a levantar sus propias empresas? De esto se trata mirar a los cielos: de que logre visualizar el impacto de su éxito empresarial más allá de sí mismo, de su familia, de los negocios y de su abundancia financiera, hacia el propósito de Dios en usted y su llamado de servicio. Mirar a los cielos es cobrar conciencia de que el desarrollo de su empresa tiene el límite de los cielos. ¡Ninguno!

LA TIERRA: UNA BASE SÓLIDA

La tercera etapa dentro de la creación o recreación de su empresa es la etapa de la tierra. Después de "mirar los cielos" y conocer las visiones, los sueños y las proyecciones, no puede alcanzarlos sin pisar firme y seguir el orden en la creación de las bases y la estructura de su negocio.

Una de las actitudes que más problemas causa en el desarrollo de una empresa es la postergación, sobre todo cuando interfiere con el orden que exige una organización. Le preguntamos a algún empresario si ya tiene los permisos que necesita o si ya creó la corporación para su negocio y responde: "No, eso lo hacemos más adelante. Vamos a vender estos productos primero". Ese es un mal comienzo. Ponga sus pies en la tierra y ponga en orden lo que es terrenal. Cuando se trata de crear la infraestructura de su empresa, no puede quedarse "en los cielos". Es similar a edificar una casa sin asentar el terreno, hincar los cimientos, construir la zapata e integrar la tubería para el agua, los cables y otros detalles de la infraestructura. Empezar sus operaciones primero y organizar la estructura corporativa después es hacerlo todo al revés. Le va a costar tiempo y dinero.

Algunos empresarios están acostumbrados a empezar sus operaciones para resolver después, sin darse cuenta de que mientras más prosperan, más difícil es resolver y más costosas son las penalidades de lo que no hizo al iniciar la empresa. La razón por la que las personas no resuelven en el momento correcto es porque se acostumbran a vivir sin resolver.

No podemos "llegar a los cielos" sin antes plantar los cimientos en la tierra. En los negocios, no puede haber tal cosa como "resolvemos más adelante".

No puede lanzarse al vacío cuando pretende crear una empresa ni cuando sueña con llevarla hacia el éxito. Hay muchas personas que se lanzan a lo loco a hacer negocios sin una base, sin un fundamento, que es lo que representa la tierra. Tampoco puede paralizarse pensando que necesita tener todo para empezar una empresa. Pero sí necesita hacer hoy todo lo que necesita hacer para crear su empresa en el orden correcto. No insista en la mentalidad de "resolver". El que siempre está pensando en resolver más adelante no es un empresario. Lo que busca esa persona es hacer dinero pronto y resolver su presente; no está buscando levantar una empresa.

No se acomode en su soberbia de que sabe más que los demás. La fórmula de desarrollar una empresa ya está inventada y tiene un éxito probado durante cientos de años. Dispóngase a aprender y a seguir el orden establecido.

¿Qué representa la tierra para el empresario? Representa lo estable, lo firme, lo sólido, la base del negocio. Hay que crear la empresa con una base correcta que le provea el tiempo y la oportunidad de ocuparse del desarrollo, y no tener que volver atrás a resolver lo que tenía que haber hecho desde el principio y ahora se le complicó.

Para una empresa, ¿cuáles son los tres componentes básicos que representan la tierra? Por falta de estos desde el principio, es que muchas personas fracasan:

- **Un plan de negocios**

El fundamento de la empresa es el plan de negocios. Sin embargo, las personas se lanzan a ser empresarios sin preparar un plan. Uno de los errores más grandes es pensar que un plan de negocios se prepara únicamente para pedir financiamiento. Por supuesto que si va a pedir dinero prestado al banco o a inversionistas, necesita hacer un plan de negocios. Pero usted tiene que hacer un plan de negocios de todas maneras, para dirigir su propio rumbo, aunque no vaya a pedir prestado dinero ni a gestionar una línea de crédito.

¿Qué elementos básicos debe tener un plan de negocios?

Descripción, estrategia de mercadeo y proyecciones. Describa en detalles sus productos o servicios, con sus respectivos objetivos y sus estrategias de mercadeo. Luego escriba las proyecciones a dos, a cinco y a diez años. Considere el plan de negocios su guía inicial, prepárelo a conciencia y sea realista. La importancia ulterior de un plan de negocios es que, solo para abrir una cuenta comercial, hay bancos que le piden proyecciones de ventas e ingresos para 2 años porque quieren saber cuál es el volumen de ventas o servicios que proyecta mover.

Si pretende conseguir un local comercial, el arrendador le solicita proyecciones. Algunos arrendadores independientes solo piden uno o dos meses de renta en depósito, pero en los centros comerciales piden proyecciones para alquilar los locales.

Procedimientos operacionales. Este es el momento de contratar a un contador público autorizado (CPA) competente y a un abogado corporativo. El CPA le va a recomendar y le ayudará a escoger la estructura legal que le conviene incorporar para desarrollar su negocio. Más adelante le explicamos las diferentes alternativas. Le informará de la infraestructura económica que necesita para iniciar operaciones, los requisitos de aportaciones patronales del lugar donde ubique su empresa, lo que necesita saber para cumplir con las leyes y estatutos referentes, por ejemplo, a las contribuciones sobre ingresos. También le va a explicar cómo llevar su contabilidad interna y qué documentos debe enviarle mensualmente para que él pueda, como parte de sus servicios, prepararle un estado de ingresos y gastos que lo mantenga al tanto del progreso de su empresa. Además, le va a informar sobre todas las planillas que los gobiernos estatal, federal y municipal le exigen rendir y sus fechas límite para evitar el pago de multas por demora. Asegúrese de escoger un profesional certificado cuya ejecutoria conozcan personas de su confianza. Durante el desarrollo de su empresa, el asesoramiento de un CPA competente puede marcar una gran diferencia en que usted siga de cerca su trayectoria hacia el éxito empresarial.

Incluya el personal que necesita para iniciar operaciones y el que requiere a largo plazo. Cuando vaya a calcular el costo de los empleados, recuerde que, además de los salarios, debe calcular la aportación patronal al Seguro Social, Incapacidad Federal y Estatal si la empresa está en Puerto Rico o los Estados Unidos, y la aportación patronal a cualquier plan de salud que ofrezca. El paquete de remuneración incluye todo, va sumando y hay serias multas si no paga esas cantidades en el tiempo requerido, así que debe presupuestarlas.

Decida si su política de remuneración va a ser tener muchos empleados pagando salario mínimo o pocos empleados pagándoles mejor según sus destrezas y ejecutorias, o una combinación. Calcule también a qué posiciones va a pagarles horas extras de trabajo y cuáles va a remunerar a base de un salario fijo a nivel ejecutivo. Considere en algunos casos hacer contratos independientes con personas, en vez de reclutarlos como empleados. Cuando recluta contratistas independientes, ellos son responsables por sus aportaciones a las entidades del gobierno, y no usted. Para esto, asesórese antes sobre las leyes del trabajo y cómo le rigen.

Hay algo importantísimo y que muchos nuevos empresarios pasan por alto: usted es su primer empleado. ¡Asígnese un salario con un paquete de remuneración! Tal vez me diga: "Si apenas tengo dinero para crear la empresa, ¿cómo me voy a pagar lo que yo valgo?". Cierto, es muy probable que en los inicios no pueda cobrar lo que realmente vale; quizás no puede cobrar nada. Sin embargo, su salario y sus beneficios tienen que estar estipulados en sus libros de contabilidad y presentados en su plan de negocios. Considérelos una cuenta a cobrar que le debe su negocio, cuya cantidad se va acumulando y la va cobrando según el negocio prospere. Si en algún momento necesita dinero para sobrevivir y tiene suficiente dinero en la cuenta bancaria de la empresa, puede ir cobrando de lo que su negocio le debe, sin sangrar los recursos que requiere para mantener corriendo el negocio. En su paquete de remuneración debe incluir todas las partidas que incluye para los otros empleados: Seguro Social y todo lo requerido por ley.

Conozca e incluya en el plan de negocios:

La descripción de los seguros. Muchas personas no desarrollan conciencia de la necesidad de los seguros. Los que no creen en ellos dicen que es dinero malgastado apostando a que algo va a salir mal. Y por favor, no ponga la excusa de la "falta de fe". En los negocios y en la vida en general, los seguros son una valiosa precaución contra cualquier imprevisto fuera de su control: robo; muerte o incapacidad del propietario, ejecutivo clave o socio mayoritario; interrupción de las operaciones; daños en los equipos; demandas judiciales; y muchos otros riesgos. Vivimos en una sociedad altamente litigiosa. Es mejor prever que resolver. Es más sabio presupuestar un pago mensual, trimestral o anual, que echar a perder sus esfuerzos pagando grandes sumas de dinero por eventos cuyos daños debieron estar protegidos con seguros. (Sin mencionar que si solicita una línea de crédito a un banco, dependiendo de la cantidad, le van a solicitar seguros, incluso tal vez sobre su propia vida.)

Los bienes de la empresa (no los suyos personales): propiedades si las tiene, mobiliario.

Equipos necesarios para operar el negocio.

Lista de los servicios públicos necesarios para el negocio (agua, gas, electricidad, Internet y otros).

Una hoja de balance general, activos vs. pasivos, deudas, cuando esté en capacidad de presentarla (si no ha iniciado el negocio, la sustituye con una proyección).

Un análisis de cuánto dinero necesita producir para terminar a la par, sin ganar ni perder.

Cuál es el mínimo que tiene que vender para obtener ganancias netas. ¿Sabe realmente lo que tiene que vender al mes para tener un equilibrio? ¿Para ganar dinero después de cubiertos los gastos? ¿Conoce sus metas?

Un estado de ganancias y pérdidas; por lo menos 2 años de proyecciones.

Un estimado de pagos de planillas estatales y federales.

Recuerde que los empresarios trabajamos por resultados. ¿Y cómo reconoce los resultados si no ha hecho un plan para ver las proyecciones, verificar su posición en el camino hacia el éxito y pensar qué cambios tiene que hacer para lograr mejores resultados?

Si el negocio ya está operando, un plan de negocios bien actualizado se convierte en un plan estratégico de expansión para poder llevar su negocio a otra dimensión.

• **La estructura legal.** Esta es su primera protección legal. No solo protege al negocio, sino le separa y le protege de lo que ocurra en su empresa. La estructura legal le da a su empresa una personalidad jurídica independiente, que es extremadamente importante para la protección de sus activos personales. En el tiempo que vivimos, usted le vende un producto a la persona incorrecta, y si no tiene protección corporativa, lo demandan y le quitan todo. Además, debe tener una estructura legal para la protección de los activos intelectuales porque usted posee conocimientos que tiene que proteger.

Este es otro de los errores más grandes que yo veo en los empresarios pequeños. Es muy peligroso no tener una estructura legal de la empresa que quiere formar. Es aún más peligroso seguir desarrollando su empresa sin haber establecido ya la estructura legal. Además de brindar protección para su familia y para usted, la estructura legal tiene una relación muy estrecha con su cumplimiento con los impuestos personales, corporativos y de sus empleados. La estructura legal que escoge con el asesoramiento del CPA determina cuántos impuestos van o no a pagar la empresa y usted, cuánto impuesto no va a pagar, qué responsabilidades tiene con sus empleados, qué negocios su empresa está autorizada a realizar bajo la ley, y quiénes van a tener autoridad para tomar decisiones.

Cada país y, en los Estados Unidos, cada estado y a veces cada condado o ciudad, ofrecen diferentes estructuras corporativas. De acuerdo con su negocio, entre muchas alternativas las más comunes son: Corporación, Sociedad Limitada de un solo Propietario (LLC), Sociedad Limitada de varios socios con un Socio administrador (LLP), Sociedad en Comandita (S. en C.).

Hay personas que dicen que son empresarias y trabajan por cuenta propia. No es lo mismo. El impuesto que se paga determina la diferencia entre una y otra. Sin embargo, hoy día se asesora a esas personas a crear una Sociedad Limitada de un Solo Propietario (LLC), que le provee ciertas protecciones de ley, especialmente contributivas.

La estructura legal no tiene que ser permanente. Se establece hoy y tiene que revisarla a través de los tiempos porque quizás su empresa necesita una renovación dentro de la estructura legal para acogerse a otro tipo de beneficios o expandir sus negocios.

Establecer su estructura legal es importante también porque se busca capital basado en la estructura legal. Este trámite no cuesta tanto dinero y es lo primero que debe presupuestar cuando está pensando en crear una empresa. Aunque le cueste organizarse legalmente, hacerlo le evita costos mayores más adelante. Tan pronto incorpore su estructura legal, recuerde gestionar un número de Seguro Social patronal, número de patrono en el Departamento de Trabajo del estado donde esté incorporado, y cualquier licencia que el gobierno estatal o municipal le exija para sus operaciones.

• **Verdadero conocimiento de lo que es su producto y su servicio.** Su conocimiento experto y la pasión por el producto o servicio que ofrece son componentes básicos y bases estructurales para su empresa. Usted está apasionado por lo que hace si le habla a todo el mundo de su producto o servicio las 24 horas del día. Llega a su casa y sigue hablando de su producto, y hasta las conversaciones familiares giran alrededor de eso.

En esa área, hay detalles que debe definir desde el comienzo de su empresa:

En el proceso de producción, ¿cuánto cuesta hacer el producto o brindar el servicio? ¿Cuál es la fórmula matemática? Todo producto y todo servicio (aunque sea intangible), tiene una fórmula matemática para saber el costo de producción, el costo de toda la operación, y el costo incurrido en el negocio para vender ese producto o servicio. Tiene que calcularlo todo correctamente, incluyendo cuánto cuesta brindar el servicio o producto, y hacer su trabajo.

¿Cuánto le cuesta obtener la materia prima, incluyendo costo de producto, flete o costo de envío y almacenaje? ¿Cuánto le cuesta el producto si no lo vende en 30 o 60 días? ¿Cuánto le cuesta almacenarlo o dejarlo perder? ¿Cuánto le cuesta en el inventario al final del año porque tiene que pagar impuestos sobre el inventario? ¿Sabe todo lo que le costó para poder dar el descuento que tiene que dar en el producto si lo quiere sacar de inventario? A los empresarios no suele gustarles trabajar con estos detalles, pero son básicos para que la empresa tenga o no el éxito que se busca.

Tenga claro todo lo que conlleva el procesamiento de la materia prima de su producto en cuanto a logística y costo, distribuirlo ya procesado, y posicionarlo y establecerlo en el mercado. Esa información es necesaria para programar su éxito.

En todos esos estimados de costos, no olvide incluir los hombres-horas (las horas pagadas al personal) que le cuesta mover su producto o servicio desde el principio de las operaciones hasta que se recibe el pago.

EJERCICIOS

1. Busque información para contratar a un abogado corporativo y a un contador público autorizado. Haga un presupuesto para crear su estructura legal y escríbalo aquí.

2. Investigue los seguros que necesita, cotícelos y escríbalo aquí.

3. Escriba un borrador para su plan de negocios. Si no tiene a la mano todos los elementos a incluir, llene los espacios

según proyecte la información. Haga cálculos realistas.

4. Investigue las leyes de su país relacionadas con hacer negocios y resuma las que le afectan.

5. Escriba todo lo que usted visualiza e imagina cuando "mira a los cielos" de su empresa.

6

SEPARACIÓN DE LAS AGUAS: LA VENTAJA COMPETITIVA

En el proceso de la creación de Dios, el concepto de "separación" es crítico. En el orden de aplicación de los principios para crear su nueva empresa, tiene primero que mirar a los cielos para saber lo que desea alcanzar. Después desarrolla lo práctico, que es crear un fundamento firme para operar. Entonces, aplica la separación de su producto o servicio para mercadearlo. Recordemos esto:

"Luego dijo Dios: Haya expansión en medio de las aguas, y separe las aguas de las aguas. E hizo Dios la expansión, y separó las aguas que estaban debajo de la expansión, de las aguas que estaban sobre la expansión. Y fue así" (Génesis 1:6-7).

En el concepto de separación que presenta el segundo día de la creación, está la separación de las aguas. En la creación de su empresa, esto representa sus metas. Hay varias razones por las que la idea de separación es beneficiosa.

Resalta sus diferencias. La única manera de poder tener éxito en la vida es saber cuáles son las cosas que lo hacen realmente diferente a usted, a su producto o servicio, y a su empresa.

Aclara el propósito. Cuando conoce qué lo separa del resto de las empresas y de su industria, tiene más claro su propósito.

Permite las alianzas estratégicas. Usted no puede tener alianzas estratégicas con otras personas o empresas si no sabe lo que necesita, quién es usted, quiénes son los otros y cómo se pueden complementar. A veces veo a personas haciendo ciertas alianzas estratégicas y lo que realmente están haciendo es dañarse ellos mismos el mercado y perjudicar el negocio. Sin darse cuenta, socavan su plataforma para crear otro negocio que no es el que les conviene. Eso ocurre porque no conocen qué los separa del resto del mercado.

¿QUÉ ES VENTAJA COMPETITIVA?

Cuando hablamos de separación en negocios, tenemos que hablar del término "ventaja competitiva", dos palabras clave. Si quiere lograr el éxito como empresario, tiene que descubrir cuál es su ventaja competitiva dentro del producto o servicio que usted ofrece. ¿A qué nos referimos con "ventaja competitiva"? ¿Qué es lo que separa a su empresa de las otras empresas en la industria? ¿Qué separa a su producto o servicio de los que ofrecen otras empresas? ¿Cuál es la razón por la cual la gente le compra a usted y no a otro? ¿Cuál es su posición favorable en la industria? ¿Qué hace que usted tenga una posición favorable?

Todo empresario debe manejar correctamente su ventaja competitiva porque es muy importante para posicionarse en el mercado.

En analogía con los principios espirituales de la creación, especialmente el de la separación, tiene que aprender a separar su producto o servicio de los demás, para entonces posicionarse. Piense en cómo posicionarse mejor dentro del mercado y dentro de la industria donde está. Después de que se separa y se posiciona, puede decidir la dirección que va a seguir para llegar al nivel donde quiere estar. Todo empieza en determinar su ventaja competitiva.

SI QUIERE LOGRAR EL ÉXITO COMO EMPRESARIO, TIENE QUE DESCUBRIR CUÁL ES SU VENTAJA COMPETITIVA.

¿Por qué es esencial conocer su ventaja competitiva? Su ventaja competitiva le ayuda a identificar sus fortalezas y sus debilidades. Hay muchas maneras de enfocarse en esto. Algunas empresas se enfocan en sus fortalezas, y otras en sus debilidades. No hay una fórmula exacta. Supongamos que usted inicia su empresa a base de sus conocimientos y experiencias. Estudie su industria y compare cuáles podrían ser sus fortalezas y sus debilidades. Lo importante es identificarlas y reconocerlas.

Gallup University, una de las principales instituciones educativas de liderazgo y administración, aplica las teorías de desarrollo de las fortalezas en individuos y corporaciones. Esa práctica que ha difundido en el mundo entero, se origina en el Dr. Donald O. Clifton, considerado el padre de la psicología basada en fortalezas. Él cambió el enfoque de evaluar a las personas e inventó un examen de medición de fortalezas que se utiliza todavía. Creó en su sótano un negocio que *Gallup International* le compró, convirtiéndose en el presidente de su Junta de Directores. Desde entonces, *Gallup International* promueve destacar las fortalezas y no las debilidades en los ámbitos de trabajo, no solo a nivel del personal, sino a nivel empresarial.

Muchas veces trabajar con las fortalezas o las debilidades depende del presupuesto disponible. Si identifica una debilidad, le requiere dinero resolverla y no lo tiene disponible, no la maneje en ese momento. Tiene que reconocerla y ajustarse a ella para que le afecte lo menos posible, y en el momento apropiado, resuélvala, pero manténgala presente como algo para resolver. Lo más importante es que la identifique antes de que otra empresa en el mercado se la señale y se aproveche de ella. Analice con antelación cómo trabajar con sus debilidades.

Mientras tanto, analice sus puntos fuertes y cómo utilizarlos al máximo para obtener ventaja competitiva. Busque cómo aumentar sus fortalezas y póngalas a producir ¡a todo vapor!

Cuando conoce bien su ventaja competitiva...

- le permite enfocarse como empresario
- deja de improvisar, o de "disparar tiros al aire"
- deja a un lado las distracciones
- dirige correctamente sus energías, su plan y su creatividad
- sabe a dónde llevar su negocio
- le permite tener efectividad en el mercadeo

BUSQUE CÓMO AUMENTAR SUS FORTALEZAS Y PÓNGALAS A PRODUCIR.

Muchas personas toman decisiones en sus empresas para ver qué les sale bien. Cuando hay tiempo, dinero y riesgo de por medio, esa no es buena idea. Si conoce su ventaja competitiva y qué es lo que produce resultados, enfóquese en eso, maximice recursos y el éxito seguirá en ascenso. Esto es aún más importante entre los pequeños empresarios, que al principio no tienen muchos recursos económicos ni de personal.

Yo veo a empresarios mercadeando su producto sin saber su ventaja competitiva. El dinero que se gasta en mercadeo sin conocer su ventaja competitiva es dinero perdido. ¿Cómo va a hacer un plan de trabajo para promover algo sin saber qué marca la diferencia en su empresa, producto o servicio? El mercadeo va dirigido a demostrar, a enseñar y a crear una reacción hacia su producto o servicio basado en su ventaja competitiva. Mercadeo es lograr que el cliente lo escoja a usted por encima de todas las otras empresas, productos y servicios.

Hay demasiados lemas publicitarios con las frases "mejor servicio" y "mejor calidad". Haga el análisis de su producto y enfoque el presupuesto de mercadeo a lo que de verdad hace único lo que ofrece: eso que es su ventaja competitiva. Cuando tiene clara su ventaja competitiva, invierte en mercadeo de una forma estratégica y entonces puede tener éxito y ¡resultados!

La ventaja competitiva también lo ayuda a identificar los clientes. Si tiene una empresa pequeña, es físicamente imposible visitar 500 clientes en una semana. Tiene que visitar a los clientes que sabe que le van a comprar. Si conoce su mercado y su ventaja competitiva, sabe a quiénes se debe dirigir. Por ejemplo, alguien que vende un producto de uso médico especializado visitará a los médicos especialistas que se interesarían en su producto específico. Si está comenzando su empresa, no tiene tiempo para probar en un mercado generalizado.

Hay estudios de mercadeo y de sectores demográficos publicados en la *Internet* que pueden servirle para informarse sobre las preferencias de los grupos poblacionales. Enfoque su mercadeo, de acuerdo con su ventaja competitiva, a los consumidores que ya se probó que invertirían en un producto o servicio como el suyo. Sí, en el camino puede encontrar sorpresas y tener clientes de sectores inesperados, pero no experimente ni dé palos a ciegas. Promueva su producto o servicio enfocado en el mercado adecuado. Mida cada espacio, cada dólar y cada temporada.

La ventaja competitiva no puede copiarse. Puede imitarse, pero copiarse no porque el mercado que está acostumbrado a consumir el producto o servicio, se da cuenta. A usted le gustan las personas que saben para dónde van. ¿Quiénes son? Los que son originales. En una sociedad donde reina la vanidad y el sector femenino (especialmente hispano) es el de mayor consumo de artículos de belleza y accesorios, la mercancía original o de marca es muy favorecida, tanto que permanece a pesar de las imitaciones baratas. Por eso si conoce su ventaja competitiva, lo pueden tratar de imitar, pero no copiar, y ahí es donde está su ganancia. Y si es posible patentizar esa ventaja competitiva, puede convertir en delito la imitación de su producto.

La ventaja competitiva determina el cierre de una venta. Ese "algo" que separa a su producto o servicio de los demás es lo que da la ventaja a su equipo de vendedores. Esas son las palabras que se dicen al final de una presentación y logran el "sí" de un cliente indeciso.

La ventaja competitiva determina el valor de su producto o servicio. Anteriormente, la competencia en el mercado era por precio. Hoy las personas buscan valor en vez de precio. Un buen ejemplo es el mercado de la vivienda. Hasta hace unos años, las personas compraban su casa a base de precio. Ese era el mismo criterio de los inversionistas de propiedades. Cuando se devaluaron las propiedades, el mercado cambió. Ahora los compradores buscan valor en vez de precio. ¿Cuánta diferencia hay entre el precio que me cobran y el valor de tasación de la casa en el mercado? ¿Cuánto valor obtengo por lo que voy a pagar? ¿Cuánto valor puedo ganar a través de los años si quisiera venderla? Las personas quieren saber que si invierten $1 en bienes raíces, ese dólar vale en el mercado lo que están invirtiendo.

Usted no compra una propiedad hoy día sin hacer un análisis de valor porque no quiere pagar por ella más de su valor. Quiere saber cuánto vale hoy y cuál va a ser su valor de aquí a diez años porque el precio tiene que ir relacionado con el valor.

Este es el momento de los pequeños empresarios, porque las personas que puedan añadir valor a los demás son los que están en mejor posición de hacer negocios. Y su ventaja competitiva es lo que añade valor. A lo mejor no puede competir con alguien en precio, pero añade tanto valor, que el precio no es una objeción. Las personas están dispuestas a pagar un poco más por el valor añadido, que a veces incluye servicio, garantía y otros valores añadidos que se ofrecen.

SU VENTAJA COMPETITIVA ES LO QUE AÑADE VALOR.

¿Por qué va a un restaurante específico? ¿Qué marca la diferencia aunque sirva el mismo tipo de comida que otro lugar, quizás más económico? El valor que el restaurante añade para usted puede ser un excelente servicio, preparar un plato a su gusto aunque sea un poco diferente de lo que ofrece el menú, servirles a sus hijos lo que ellos prefieren, reconocerlo y llamarlo por su nombre, en fin, tener detalles que le hacen sentir cómodo. Eso añade valor al producto: servicio más allá del esperado.

Piense en ese momento cuando va a comprar un diamante a su esposa o su novia. Aunque el oro ha subido de valor de manera exponencial y los diamantes aumentan de valor prácticamente a diario, hay muchísimas joyerías que los venden a precios variados. Una vez reunió dinero para esa inversión, ¿a quién le compra? A quien le da más valor por el precio, lo asesora sobre su posible selección, se ocupa de que haga la compra más inteligente con su presupuesto, le incluye un certificado de garantía de una agencia reconocida en la industria, y hasta se pone a su disposición para limpiar el anillo gratuitamente, y sin aviso previo, cuando se ve un poco sucio. Ese servicio y esa garantía son las ventajas competitivas de ese comerciante.

Ejemplos:

Coca Cola - Se ha comprobado que si le presentamos a la gente dos botellas de refrescos de soda sin que sepan la marca, escogen *Pepsi*. ¿Por qué? Porque es 6% más dulce que *Coca Cola* y las personas tienden más a escoger los sabores dulces que los sabores agrios. ¿Cuál es el mejor posicionado en el mercado? *Coca Cola*. ¿Qué lo posiciona? Entre muchos factores, su fórmula secreta, que cuando la alteraron por primera vez para fabricar *Cherry Coke* perdieron millones de dólares, aunque ahora la regresaron a algunas regiones de los Estados Unidos. *Coca Cola* ha creado una marca durante años. Por eso las personas compran la fórmula y la marca. Es tan fuerte, que las personas tienden a pedir "*Coca Cola*" cuando quieren una soda y los comercios que tienen solo Pepsi, preguntan: "¿*Pepsi* está bien?".

Toyota - En Centroamérica y Sudamérica es distinto, pero en Puerto Rico, ¿por qué la gente compra un *Toyota*? Porque requiere poco mantenimiento. ¿Quiere decir que un *Toyota* nunca va a un mecánico? Va, pero la percepción es que no va, que no se daña y dura más. Revistas de tanta reputación como *Consumer Reports* durante muchos años reconocieron al *Toyota* como un auto libre de problemas. *Toyota* capitalizó eso y los consumidores lo recuerdan. Otro detalle de ventaja competitiva: en la década del 1960, el auto compacto que abundaba en Puerto Rico era el *Volkswagen Beetle*. Los que recuerdan esa época saben que *Toyota* desplazó al Beetle dramáticamente. ¿Cómo lo hizo? A base de precio, valor, presencia, mantenimiento y el primer plan de financiamiento directo de autos ofrecido por una compañía subsidiaria de la empresa importadora y distribuidora de *Toyota*. ¡Valor añadido!

Mercedes Benz - ¿Por qué la gente compra un *Mercedes Benz*? Por el prestigio y el símbolo de estatus. Y el comprador de *Mercedes Benz* tiende a ser un cliente repetitivo por la calidad mecánica del auto, su alto valor de intercambio, su sistema de suspensión y la suavidad de conducirlo. Observe que el modelo básico de *Mercedes Benz* es casi el mismo año tras año y eso le añade valor a los modelos más usados, aparte de que el dueño de este auto lo cuida con diligencia. Es curioso que, según el modelo, un *Mercedes Benz* puede ser más económico que un auto americano, pero su ventaja competitiva es el nombre que estableció hace muchos años, ligado a los más altos estándares de calidad.

Apple - ¿Por qué compra *Apple*? ¿Por qué una vez compra un producto *Apple* (computadora), termina comprando los demás (*iPad*, *iPod*, *iPhone*, etc.) ¿Cuál es la ventaja competitiva? La innovación y la simpleza.

Carnival Cruises - Se mercadea como líder en entretenimiento. Usted tal vez no reciba detalles finos de servicios ni decoraciones impresionantes, el servicio es muy informal, pero va a tener mucha diversión. Esa es la ventaja competitiva.

Southwest Airlines - Tres cualidades sobresalen: es económico, usted escoge dónde se sienta, es divertido y cumple sus itinerarios. Todo eso la hace excepcional y esos son los detalles que promocionan.

¿CÓMO TIENE QUE SER LA VENTAJA COMPETITIVA?

El concepto de ventaja competitiva tiene que ser objetivo. Es algo que se pueda medir, cuantificar, ver, que la gente lo pueda experimentar, lo pueda palpar y hasta disfrutar. Debe ser tan real que cause en el consumidor un efecto de repetir su compra y hablar de su producto para que otros lo compren.

La ventaja competitiva tiene que ser demostrable y sostenible por un período de tiempo. Cuando estudia las empresas que han hecho historia, se mantuvieron en negocios durante más de 50 años o todavía existen, sostuvieron o sostienen consistentemente sus ventajas competitivas. Algunas las han mejorado y otras las han cambiado por mejores ventajas competitivas.

La ventaja competitiva tiene que ser relevante para sus clientes; no para usted. El problema que tienen muchos empresarios es que quieren vender sus productos como si los clientes fueran ellos. Su cliente no es usted. Sus clientes son otros, y ese debe ser su foco de atención al determinar su ventaja competitiva. No hable de lo enamorado que está de su producto; hable de lo que el cliente se tiene que enamorar, y de lo que tiene que enamorar a su cliente. Venda el producto o servicio a su cliente de acuerdo con lo que le interesa a él, que puede ser muy diferente de lo que le interesa a usted como consumidor. ¿Usted, si es una dama, usaría pantalones vaqueros rotos, descosidos y deshilachados? Pues millones de jovencitas los usan y sus fabricantes se están haciendo multimillonarios con ese detallito. Empresario, la ventaja competitiva de su producto tiene que ser relevante para el que lo va a comprar. ¡Aunque a usted no le guste!

¿CÓMO ENCUENTRA CUÁL ES SU VENTAJA COMPETITIVA?

Hay cuatro componentes importantes para comenzar el análisis de este descubrimiento:

1. Precio. Es uno de los factores que le da una ventaja competitiva: un precio razonable o comparablemente bajo. Para analizar el precio, tiene que calcular el precio al que compra la materia prima, el costo de todo el proceso hasta llegar a la venta, y llegar al precio al que puede vender el producto para generar ganancias. En ocasiones, los empresarios cometen un error y tratan de vender su producto por debajo del precio que deben establecer para obtener una ganancia. Para eso, debe saber cuál es el valor de ese precio, teniendo en cuenta otros gastos adicionales como flete, impuestos, impuestos si se vende de aquí a cierto tiempo, almacenaje, y costo de mercadeo y publicidad. Tiene que saber en cuánto vender ganando o perdiendo, y cuándo puede combinarlo con otra oferta y seguir ganando. Muchas personas solo miran la factura del producto y no consideran todos los demás gastos que influyen en el precio.

Estas reglas se aplican a los servicios, si su empresa es de servicios. Para determinar precio, incluya gastos de equipos; calcule el costo de su tiempo y de su labor profesional y/o de los empleados que están a cargo del servicio; prorratee gastos de transporte si tiene que salir, gastos de oficina y otros gastos relacionados en los que incurra. Recuerde que en la industria de servicios, la principal ventaja competitiva la dice el nombre:

servicios. Su ventaja competitiva es el servicio más allá de lo esperado, preciso, excelente, en actitud de resolver y teniendo en cuenta las necesidades de sus clientes y no las suyas. Las empresas de servicios reciben muchos negocios a base de la antigua publicidad de "boca a boca" o referidos.

2. **Diferenciación.** ¿Qué características únicas tiene su producto o servicio? Esa característica no tiene que ser necesariamente real. Puede ser a nivel de percepción. ¿Cómo puede escoger esa característica que tiene su producto y crearle al público una percepción de que es único? El éxito de muchos productos es el uso de la historia detrás del producto. Lo vemos en los automóviles, por ejemplo. Hay compañías que fabrican dos marcas en el mismo lugar: una cuesta más y otra cuesta menos. Un ejemplo es Lexus, una marca Toyota, pero Lexus evoca otra percepción y apela a otro público. El lugar donde se vende, la presentación, el servicio, lo que le dan y le ofrecen es diferente. Todo es cuestión de la percepción que se crea. Por lo tanto, necesita buscar qué es lo que marca la diferencia en su producto en todo el sentido de la palabra, o qué diferencia en percepción puede crearle al cliente potencial.

3. **Las características internas de su empresa y de su producto o servicio.** Me refiero a patentes y fórmulas únicas que tenga. Debe conocer qué características únicas tiene su producto que son internas y no son parte de la producción en el mundo exterior. Pueden ser tangibles o intangibles como marcas registradas.

4. **Las características externas.** Tiene que ver con las ventajas tangibles de su producto. ¿Qué, exactamente, hace su producto o servicio no copiable, no reproducible? ¿Qué promueve su producto o su servicio tangiblemente por encima de los demás? Haga este mismo análisis en las siguientes cuatro áreas relativas

al producto.

1. Producto: empaque, presentación, valores agregados.

2. Precio.

3. Su posición en la industria, la segmentación de su producto, sus canales de distribución y su estructura de precio en esos canales.

4. Su promoción (plan de mercadeo, plan de publicidad, plan promocional)

EJERCICIOS

Si está leyendo este libro, tiene planes serios de iniciar una empresa, o ya la tiene y quiere re-ordenarla. Responda por escrito lo siguiente:

1. ¿Qué entiende que es ventaja competitiva?

2. ¿Ha estudiado los productos o servicios del mercado, similares a los suyos? ¿Qué tienen diferente que los compraría?

3. Analice su producto o servicio y escriba sus ventajas competitivas en términos de:

   • Presentación.
   • Precio.
   • Productos o servicios similares a los suyos en la industria.
   • Mercadeo y publicidad.

7

DECORACIÓN DEL HUERTO: PRESENTACIÓN Y MERCADEO

"**D**espués dijo Dios: *Produzca la tierra hierba verde, hierba que dé semilla; árbol de fruto que dé fruto según su género, que su semilla esté en él, sobre la tierra. Y fue así. Produjo, pues, la tierra hierba verde, hierba que da semilla según su naturaleza, y árbol que da fruto, cuya semilla está en él, según su género. Y vio Dios que era bueno. Y fue la tarde y la mañana el día tercero*" (Génesis 1:11-13).

Durante el tercer día de la creación, Dios decoró la tierra. Aún ahora, su descripción hace ver al huerto del Edén como un lugar irresistible para vivir. Es ejemplo de la presentación que debe tener su producto. ¿Cómo va a decorar su producto para hacerlo tan codiciable, que ya desde verlo de lejos o en televisión, las personas piensen que es bueno y que lo tienen que comprar?

PRESENTACIÓN

¿Cuál es la percepción que las personas tienen sobre su producto? ¿Es agradable a los ojos? Todos los productos y todos los ambientes deben crear sensaciones tan agradables, que sean irresistibles para el comprador.

¿Qué tiene que crear para que la gente reciba esa sensación especial cuando vea su producto? Su producto, su empaque, ¿qué sensación provoca?

Las personas, ¿desean su producto por encima de los demás? ¿Crea el impulso de "lo tengo que comprar" o "lo necesito"?

¿Lo reconocen por el empaque nada más, sin ver el producto?

¿Qué percepción produce el empaque de su producto?

El empaque del producto. Es la preparación cautelosa y ensayada de la presentación del producto o servicio ofrecido. Es cómo usted presenta su producto correctamente. Si es un objeto, tiene que ver con los empaques, los colores, la información relevante del producto, la imagen personal, la información legal que se requiera. Tiene que haber una proyección personal y del producto para que ese producto sea verdaderamente codiciable.

Un empaque correcto debe cumplir con los siguientes requisitos:

- Crear al producto una imagen propia, positiva, distintiva e inolvidable.
- Captar la atención del comprador potencial.
- Provocar deseos de comprarlo.
- Alentar y hasta urgir al consumidor a comprarlo.

Traiga a su mente algunas marcas famosas. ¿Qué le recuerda una cajita color turquesa con una cinta de satén blanco que termina arriba en un lazo? ¡La tienda *Tiffany's*! Y su primera percepción es que adentro hay un regalo costoso y de calidad. ¿En qué piensa cuando ve una caja dorada cobriza con una cinta roja y un lazo arriba? ¡Chocolates *Godiva*! El impacto en su mente es tan grande, que dondequiera que ve las combinaciones de colores, recuerda los productos.

El empaque es vital porque a menudo tiene que ver con la vida útil del producto. El tamaño también es importante. ¿Por qué? ¿Dónde lo van a posicionar en una tienda? ¿Cabe o no cabe en el estante de exhibición? ¿Le facilita a la tienda colocar su producto a nivel de los ojos para que la gente lo vea más rápido y se venda mejor? Cuando hace la presentación de sus servicios, ¿explica su conveniencia?

Hay tres condiciones básicas para promover o presentar su producto en el empaque: colores, tipo y tamaño de letras, y gráficas e ilustraciones. En mercadeo todo tiene su razón de ser.

Sus paquetes promocionales. ¿Cuáles son las cosas que le entrega al cliente cuando presenta su producto o servicio? Hay comerciantes que hacen folletos y no transmiten la imagen ni la proyección de su empresa. Un ejemplo es el diseño del logo. Usted ve personas que ordenan diseñar un logo para crear su imagen corporativa, pero no piensan en cuándo ni dónde van a imprimirlo. Pudo haber invertido en un logo bonito que no se pueda reproducir en blanco y negro o que no represente la imagen de su empresa.

Ese logo representa su marca, la imagen de su empresa y el adorno de su producto. Cuando ordene su diseño a un profesional, asegúrese de que le preparan versiones para todos los usos, de manera que el logo siempre luzca consistente, igual que su imagen corporativa. Dondequiera que las personas vean su logo, deben identificarlo con su empresa.

DONDEQUIERA QUE LAS PERSONAS VEAN SU LOGO, DEBEN IDENTIFICARLO CON SU EMPRESA.

Servicio: ¿Cómo está ambientada su oficina?

¿Inspira confianza? ¿Los archivos están a la vista o al alcance de cualquiera? Cuando invita allí a un cliente, ¿qué sensación recibe él o ella sobre su empresa? ¿Seriedad, solidez, orden, confiabilidad, estabilidad o improvisación? Los colores y las sombras que estos pueden crear, entre otros elementos de decoración comercial, influyen en su imagen corporativa. Usted se fija en esos detalles cuando visita la oficina de otro. Quienes lo visitan se fijan en esos detalles también.

No olvide que su oficina es parte de crear la conciencia de marca. No debe haber una esquina de ella que no continúe promocionando su producto o servicio durante las horas del día. Necesita todas las oportunidades posibles para promocionar su empresa o servicio.

Si su empresa es de servicios, su imagen personal, como usted se proyecta, es demasiado vital y está incluida en el paquete promocional. Proteja siempre su imagen personal y corporativa, esa imagen que ha empezado a crear, que le da credibilidad y confianza ante sus clientes. Cada producto o servicio suyo debe tener su propia identidad. También en la industria de servicios, su logo debe representar sus valores, los colores deben usarse con estrategia, y el diseño debe tener significado para usted, de manera que pueda explicarlo a otros y refleje su imagen correctamente.

Mercadeo: la inversión sabia de su dinero

Hay una diferencia entre el mercadeo para crear conciencia de marca y el mercadeo para provocar respuesta directa de compras. Aprender esta diferencia es importante, porque el presupuesto de promoción de los pequeños empresarios suele ser limitado. No es lo mismo hacer posicionamiento que mercadear para provocar una respuesta directa. No es la misma estrategia y no produce los mismos resultados. El nuevo empresario y el empresario que necesita mejorar su negocio deben asignar su presupuesto de mercadeo a crear respuesta directa de compras.

Muchas personas hablan de dar a conocer el producto o la empresa, e invierten dinero para posicionar la empresa cuando tienen un presupuesto publicitario muy limitado. En el mercadeo de respuesta directa, si invierte $1 en anuncios, debería esperar mañana al menos $1 de retorno. Una de las fórmulas exitosas es el anuncio directo con oferta. El anuncio persigue que el cliente reaccione automáticamente para adquirir el producto; que ocurra una respuesta directa e inmediata. Invertir en el mercadeo de conciencia de marca puede esperar a que los anuncios de respuesta directa aumenten las ventas y los ingresos de la empresa lo suficiente, para entonces asignar presupuesto al mercadeo de afianzar la marca. Para ese momento, podría costar menos porque ya los consumidores conocen la marca.

UNA DE LAS FÓRMULAS EXITOSAS ES EL ANUNCIO DIRECTO CON OFERTA.

¿Cómo sabe que una campaña directa funcionó? Si le devuelve dólar por dólar. ¿Cómo sabe si la puede ampliar? Si le devuelve $2 por $1. ¿Cómo sabe si la puede sostener? Si le devuelve $4 por $1. Así funcionan los productos que ve por televisión. ¿Y cómo saben ellos que tienen que ampliar la publicidad? Si por cada $100 invertidos recibieron $400 en ventas, saben que tienen que seguirse anunciando a esa misma hora.

¿Cómo saben si les conviene anunciarse en todos los canales de televisión a la misma hora? Si están recibiendo un rendimiento de $4 por $1 invertido.

Usted ha hecho esto con una hoja de especiales, pero son dos estrategias diferentes. Debe maximizar la respuesta directa en cada dólar que invierte. Está bien poner el logo en todos sitios, pero eso no le va a devolver dólar por dólar. Asegúrese de que el mercadeo le devuelva y le multiplique cada dólar que invierta.

Para hacer el análisis correcto de venta directa y establecimiento de marca, tenemos que analizar los canales de mercadeo.

Persona a persona, ya el "persona a persona" es de persona a miles. Usted usa un producto o visita un restaurante, lo publica en las redes sociales, y lo saben miles. Por eso hay artistas que no anuncian en sus redes sociales restaurantes donde comen a menos que el restaurante les pague por la promoción.

El servicio postal, conocido como "venta directa por correo" sigue siendo muy importante. Muchas personas no lo quieren usar porque el correo electrónico es más económico, pero hoy es uno de los medios más efectivos porque es el que menos están usando para mercadeo. Antes yo recibía veinte promociones por correo y ahora recibo muy pocas. Lo mismo ocurre a miles de personas. Un empresario puede usar el servicio postal porque puede diferenciarse de muchos empresarios. Ya no hay que competir con tantas empresas porque son muchas las que prefieren mercadear por la Internet. Lo interesante es que, como la gente recibe menos promociones por correo, las leen más.

Medios escritos, panfletos, hojas sueltas, periódicos locales, periódicos nacionales, revistas. Según el producto, a veces los anuncios en revistas y periódicos dan mejor resultado. Hay que saberlo medir. No los descarte, porque tienen una vida larga. Hay empresarios que han recibido negocios por anuncios publicados en revistas hace seis meses, o en periódicos de la semana anterior.

Otro medio de mercadear, ya en el ámbito de las relaciones públicas (llamémosle publicidad indirecta) es ofrecer a revistas y periódicos un artículo de información que sea de interés para la comunidad. A veces los medios escritos necesitan contenido y publicarían un reportaje relacionado con su empresa, producto o servicio. Después de que le acepten el primero, podría convertirse en colaborador de la publicación y solo su nombre ya es un anuncio automático. Otra posibilidad es participar con material editorial en suplementos especiales dedicados a temas relacionados con su producto o servicio. Pensamos que siempre tenemos que pagar por los anuncios, cuando con creatividad puede promoverse sin que le cueste tanto y contribuyendo información que les interesa a los consumidores.

Con la ilimitada difusión de todos los siguientes medios, no puede ignorar su impacto para mercadear su producto. Por supuesto, unos son más costosos que otros y debe invertir su dólar maximizando presupuesto con resultados.

Radio. Todavía se considera el medio de mayor difusión, especialmente ahora que se transmite radio por la *Internet* a nivel global. Escoja la emisora de mayor cobertura para la población que compraría su producto y, según su presupuesto, escoja horarios en que su mercado escucharía la radio.

Televisión. Aún se considera el medio de mayor impacto y también aparece por la *Internet*. Suele ser mucho más costoso y depende de los horarios. Si tiene el dinero, recuerde anunciarse de acuerdo con su mercado y no para "tratar suerte".

Las redes sociales. Han probado ser tan efectivas, que lo primero que las empresas piensan cuando van a promover un producto es en penetrar e inundar las redes sociales. Recuerde que su efectividad depende mucho del vocabulario apropiado. No se habla en *Twitter* de la misma manera que se habla en *Facebook* o igual que en su página web o en *Linked-In*. Son lenguajes distintos. Inscríbase como empresario en *Linked-In* para proyectar su imagen profesional y que las personas conozcan su experiencia. Decida bien cuando escriba su perfil, cómo le conviene que lo perciban. Recuerde que en *Facebook* su empresa puede tener un "*Fan page*" y usted, una página personal, donde no necesariamente tiene que exponer su vida privada.

Las redes sociales son más amplias de lo que muchas personas piensan. De acuerdo con Cindy Ratzlaff, experta en el uso de redes sociales para mercadeo, lo ideal es crear la combinación de redes sociales y la *Internet* para maximizar el mercadeo de un producto o servicio. Como mínimo, debe incluir y coordinar dentro de sus promociones los siguientes, además de *Twitter* y *Facebook*: *Google Plus, YouTube, Instagram, Pinterest* y crear "*hashtags*". Grabe "*podcasts*" sobre su peritaje, empresa, producto o servicio. Considere pautar anuncios pagados como refuerzo de su mercadeo gratuito. Su selección para medios de mercadeo dependerá de su producto, su servicio y su mercado. Lo que es efectivo para uno, puede no serlo para otro.

La Internet. Muchas personas se preguntan si estando activos en las redes sociales hace falta publicar una página web del negocio. La respuesta es sí. Las empresas deben tener un sitio web para establecer imagen e identidad, explicar sus servicios y/o productos, proyectar estabilidad, recibir contacto directo de clientes y suplidores activos y potenciales, y crear una lista de correos electrónicos para contactar clientes potenciales. Otro recurso que se usa para mercadeo en la *Internet* es el *blog* o columna. Empezó con personas que deseaban publicar sus puntos de vista y ahora es el lugar de expresión favorito para expertos en todas las áreas. Se recomienda que escriba más como experto, en vez de anunciar directamente su negocio. Su firma, su título, sus temas y la presentación de su blog pueden traerle negocios de todas maneras, y hacer que lo perciban como experto en su industria.

Carteles publicitarios. Son muy costosos y su uso principal es crear conciencia de marca. Usted necesita anuncios de venta directa al principio de sus operaciones.

La forma estudiada de usar todos estos medios de mercadeo es lo que da resultados que se traducen en ventas y ganancias. Por eso escucha y ve programas de radio o televisión que incitan a las reacciones inmediatas del público a través de *Twitter* y *Facebook*, y hacen encuestas en vivo y en programas pregrabados, a través de esos medios. Su combinación de medios depende de:

- Tipo de servicio o producto.

- Presupuesto.

- Mercado que se desea alcanzar.

Esté siempre pendiente de respuesta inmediata medible, tal vez intangible, pero si tiene una página y la gente se suscribe, us-

ted consigue una respuesta. No se emocione si tiene muchas respuestas y no tiene al menos un correo electrónico para dar seguimiento. La información del cliente es la que inicia la venta y le devuelve el dólar invertido.

¿CÓMO COMENZAR UNA ESTRATEGIA DE MERCADEO?

¿Qué medidas prácticas puede empezar a tomar?

• Recopile la mayor información del producto o servicio que va a ofrecer, y su ventaja competitiva.

• Busque siempre qué está haciendo su competencia, dónde se están promocionando, cuál es su tipo de anuncio, cómo lo usan, qué ofrecen y si obtienen buenos resultados.

• Enfoque su estrategia de mercadeo primero a los clientes que ya tiene. Si ya tiene un listado de 1.000 clientes, esos son los primeros a quienes debe llamar. Es más rentable trabajar para mantener activo a un cliente suyo, que ganarse uno nuevo.

Aunque es muy importante extenderse y ganar nuevos clientes para crecer, cuide y expanda los servicios a los clientes que ya tiene o ha tenido. Busque todas las direcciones y teléfonos que tenga, y hágales al menos una llamada de cortesía. No menosprecie los viejos listados ni las viejas tarjetas de presentación. Un empresario muy exitoso me dijo una vez que cuando quería aumentar la facturación, creaba ideas y hacía presentaciones para aumentar un 10% o más la facturación de sus clientes existentes. Después de lograrlo, se dedicaba a buscar clientes nuevos.

• Almacene información de clientes potenciales y nuevos clientes. Cuando paga en las tiendas, en las cajas registrado-

ras ahora le piden su dirección de correo electrónico para darle seguimiento, enviarle ofertas y promociones. Aprenda a hacer lo mismo. Ese correo electrónico vale dinero, tanto o más de lo que puede imaginar.

• Utilice cada momento para promover: a la entrada de su empresa, a la salida, en el correo electrónico, en todo lo que haga.

• Dele valor al poder de las palabras. Use las palabras correctas. Aprenda cuáles son las palabras que crean reacciones en las personas con quienes habla. Hay palabras que son clave para su empresa, producto o servicio. Valore el poder de cada palabra escrita, hablada y del lenguaje corporal con que se dirige a los demás, especialmente cuando presenta su empresa. Todo refleja su imagen corporativa. En esta misma línea de pensamiento, cumpla lo que promete: los acuerdos con clientes, la calidad que dice que su producto tiene, las fechas de entrega y todo lo que ofrezca. Si prevé que no va a cumplir, avise con antelación, ofrezca una explicación de peso, y brinde una compensación razonable para ambas partes por la molestia causada.

• Mida sus resultados. Mercadeo que no se mide no es efectivo.

Advertencia importantísima: cuando promueva su producto, asegúrese de que va a tener suficiente de él para suplir la demanda o cumplir con las órdenes de compra. Si acierta en el mercadeo y vende mucho, los atrasos en entrega del producto le hacen perder ventas inmediatas y negocio futuro; causan cancelaciones de órdenes y desilusiones de clientes por falta de confianza; y hacen desistir de probar el producto a quienes compran por impulso.

MIDA SUS RESULTADOS. MERCADEO QUE NO SE MIDE NO ES EFECTIVO.

EL MERCADEO PARA ESTABLECER MARCA

Es más urgente y lucrativo promover su producto para causar respuesta directa de compras. Sin embargo, no olvide el mercadeo para establecer marca. Ese enfoque promocional es esencial para darle permanencia y continuidad a las ventas, y desarrollar una clientela fiel y constante a través de los tiempos.

Expresado con sencillez, establecer marca es la habilidad de lograr que la marca casi se convierta en el nombre común de un producto. Es llevar a las personas a pensar en un producto evocando y hasta nombrando la marca específica, en vez de decir el nombre genérico del producto. Es lo que logra que un producto permanezca en el mercado durante generaciones.

Uno de los mejores ejemplos del mundo empresarial es *Levi's*[1], una empresa que tiene 162 años en el mercado. Usted piensa en pantalones vaqueros y piensa en *Levi's*; oye decir *Levi's* y piensa en pantalones vaqueros. No importa si está de moda cualquier tipo de pantalón: rasgado, descolorido, estrecho, para botas, ancho, cualquiera. La mente se conecta con *Levi's*.

En una cultura donde el consumidor compra por furor a las nuevas marcas y los nuevos estilos, y se ha reducido la lealtad a las marcas, es difícil que una marca sobreviva y mantenga un alto porcentaje del mercado. *Levi's* lo ha logrado.

---

1. Consultado en línea el 1 de agosto de 2015. http://www.entrepreneur.com/article/243412

Cuando Levi Strauss se mudó de Bavaria a los Estados Unidos en 1853, solo había 31 estados. Pasaron 32 años antes de que se desarrollara el auto, y no existían ni *Coca Cola* ni *Ford*.

Levi's sigue siendo una marca muy alta en ventas. Sus ganancias aumentaron en 2014 un 2% sobre el año anterior, hasta alcanzar los 4,68 mil millones. Tiene la más alta porción del mercado global de pantalones vaqueros. Los minoristas dicen que *Levi's* tiene cualidades únicas de marca que no consiguen de otras líneas. Gary Oneil, exdirector creativo de las tiendas *J.C. Penney*, explica que "*Levi's* se ha convertido en un titán de marca que escala estilos de vida, géneros, y permite a los minoristas captar una base diversa de clientes".

El secreto para la longevidad y el poder de permanencia de una marca está en los siguientes principios fundamentales:

1. Comprométase y manténgase comprometido. *Levi's* es auténtico y está ferozmente comprometido a mantener y reforzar su autenticidad.

La empresa comenzó vendiendo pantalones "hechos para perdurar" para la fiebre de oro de California. La demanda se difundió a toda la nación y *Levi's* se convirtió en la ropa de la clase trabajadora. Luego se popularizó entre las subculturas jóvenes rebeldes. Después complacieron al mercado que quería un pantalón vaquero con cinco bolsillos, y así han seguido respondiendo a los consumidores.

LA AUTENTICIDAD ES UNA DE LAS PALABRAS DE MODA MÁS COMUNES EN LOS NEGOCIOS.

Hoy día, la autenticidad es una de las palabras de moda más comunes en los negocios, y de las características más deseadas en las marcas. El Índice de Autenticidad de Marca (ABI por sus siglas en inglés) demuestra que mientras más fuerte se percibe la autenticidad de marca, más probable es que las personas la patrocinen. Los analistas de ABI observan que la autenticidad enciende el éxito en el mercado de hoy porque los consumidores buscan mayor significado y sinceridad en las marcas que escogen. Con esto se identifican particularmente los consumidores jóvenes influyentes. Otros principios de construcción de marca son:

2. Buscar una respuesta o reacción emocional. La calidad y la integridad de los productos *Levi's* es incuestionable. El estilo de la costura es un detalle de diseño superior. Los mensajes de la marca apelan a la cultura. En muchos momentos, *Levi's* ha cambiado su enfoque de ventas para establecer una conexión emocional con sus consumidores.

3. Desafiar las tendencias. Las marcas evolucionan para mantenerse relevantes. *Levi's* favorece mantener su integridad de marca por encima de saltar a las tendencias de la moda. *Levi's* creó los primeros pantalones vaqueros para mujeres. Se considera que "su relevancia ha resistido las alzas y bajas de la economía, las tendencias de la moda y el negocio mismo".

EJERCICIOS

1. Cotice y ordene diseñar su logo corporativo. Esa es la identidad de su empresa y de su producto.

2. Asigne un presupuesto de mercadeo para su producto o servicio.

3. Observe y lleve récord de los medios, horarios y frecuencias

donde se mercadean productos o servicios similares a los suyos. Tenga en cuenta el mercado al que están dirigidos, porque no necesariamente son los mercados potenciales para usted.

4. Determine cuál es su mercado natural, el más acertado para mercadear su producto o servicio.

5. Para que planifique de manera realista, busque los precios de los diferentes medios que usted piense que serían los más efectivos para usted.

6. Escriba ahora su plan de promociones, que va a ir cambiando de acuerdo con los resultados que mida. Incluya cómo va a medir los resultados de cada medio, para invertir de acuerdo con eso.

7. Prepare una estrategia para construir su marca.

8

CREACIÓN DE LUMBRERAS: EL PLAN ESTRATÉGICO

"**D**ijo luego Dios: Haya lumbreras en la expansión de los cielos para separar el día de la noche; y sirvan de señales para las estaciones, para días y años. y sean por lumbreras en la expansión de los cielos para alumbrar sobre la tierra. Y fue así. E hizo Dios las dos grandes lumbreras; la lumbrera mayor para que señorease en el día, y la lumbrera menor para que señorease en la noche; hizo también las estrellas. Y las puso Dios en la expansión de los cielos para alumbrar sobre la tierra, y para señorear en el día y en la noche, y para separar la luz de las tinieblas. Y vio Dios que era bueno. Y fue la tarde y la mañana el día cuarto" (Génesis 1:14-19).

El cuarto día de la creación es la creación de las lumbreras, que representa la búsqueda de oportunidades. El sol es representativo de nuestro objetivo, nuestro destino. De hecho, Dios se muestra a sí mismo como el Sol de Justicia.

Este aspecto de su éxito empresarial requiere preparar una planificación estratégica. Voy a dividir el tema entre este capítulo y el siguiente.

La primera analogía bíblica es que el sol de su empresa es la visión y todas sus implicaciones. Para adaptar las lumbreras en la expansión de sus cielos, tiene que ver hacia dónde le alumbra su sol. Las lumbreras se relacionan con la planificación de su empresa y con su temperatura, establecida por las políticas empresariales.

1. ¿Cuáles son las políticas que van a dirigir su empresa?

2. Defina la trayectoria. Usted fija su trayectoria haciendo un plan estratégico.

EL PLAN ESTRATÉGICO LE SIRVE PARA:

1. **Tener un marco de referencia** para sus acciones y las acciones de sus empleados. Lamentablemente, las personas perciben los marcos de referencia como limitaciones, cuando lo que se pretende es delinear áreas de acción específicas para la creatividad de cada quien. Piense en un pintor. Para expresar su creatividad necesita un lienzo con unas delimitaciones que le indiquen principio y fin. La creatividad no puede fluir si no se definen o establecen los límites. El marco de referencia le guía hacia dónde se va a mover su empresa.

2. **Definir cómo sus clientes lo van a evaluar.** Si cumple con su plan de negocios y con aquello a lo que se compromete con sus clientes, a base de eso lo van a evaluar. El producto no es lo único importante de su empresa. Es igual de importante cómo

su cliente lo percibe. Entregar al cliente sus pedidos de productos a tiempo y servirle de acuerdo a sus necesidades es clave. Tratar a su cliente con respeto es lo que hace que su cliente juzgue su producto. Usted escoge comprar en un sitio y no en otro por cómo lo tratan, lo conocen, por el contacto que tienen. Los clientes se van a quedar con usted basándose en esa visión, y si usted cumple la visión que ha establecido.

Tenga en mente que el producto por sí solo puede traerle una venta hoy, pero las buenas relaciones con sus clientes pueden generar ventas repetitivas durante años, incluso por generaciones. Tienen hasta el potencial de expandir su mercado. Una de las situaciones que causa disgusto en las relaciones cliente-empresario ocurre cuando las empresas crecen. Usted, como empresario, recluta a otras personas para apoyar su trabajo porque obviamente no puede hacerlo todo solo. De repente, un cliente que ha sido fiel durante muchos años pierde el acceso a usted. Su personal insiste en redirigirlo a otras personas cuando él quiere hablar con usted. Su producto puede ser lo mejor en su género, pero la falta de acceso de su parte puede hacerle perder clientes. No es fácil estar muy accesible cuando se alcanza la grandeza en una empresa, pero el detalle que parece más pequeño puede sacudir sus cimientos. ¡Cuide a sus clientes fieles!

3. **El plan estratégico lo inspira,** lo motiva, lo ayuda a tener metas para el futuro. ¿Quién se inspira únicamente con trabajar a diario? A usted lo inspira la visión que quiere alcanzar. La misión que tiene en su vida es lo que lo levanta por la mañana. Eso es lo que va a establecer su temperatura y las sensaciones de confianza y éxito que transmitirá a las personas que se le acerquen.

¿CÓMO DEBE SER EL PLAN ESTRATÉGICO?

1. **Debe ser alcanzable.** Hay gente a quien yo le digo: "Dame una visión", y me hablan de ir a Hong Kong o me contestan: "Yo he sido llamado a las naciones". ¿Usted no se ha ganado a su pueblo y quiere llegar a las naciones? Eso está bien, pero vamos a hacer un plan estratégico porque el hecho de que hagamos un plan estratégico no quiere decir que en tres años no lo vayamos a cambiar. En tres años lo vamos a modificar porque en ese momento partiremos de ahí para hacer un nuevo plan. No nos pongamos metas idealistas pensando que es fe pensar en cosas que no son alcanzables en este momento. No hay nada imposible con Dios, pero Dios no opera si no razonamos, si no tenemos discernimiento.

2. **Debe ser medible, igual que sus resultados.**

3. **Debe ser fácil de revisar,** para ver si está siendo exitoso en cumplirlo y revisarlo para hacer los cambios necesarios para mejorar.

4. **Tiene que estar escrito.** Tiene que estar en papel. Hoy día, queremos hacerlo todo en computadora, pero todavía el papel carga una gran importancia. Usted no firma un contrato en un correo electrónico. Tiene que firmar en un papel. Tiene que haber un papel escrito donde pueda hacer referencia a ese plan. Todo tiene que estar tangible, donde lo pueda revisar y compartir con otros. El papel les da a los asuntos la formalidad necesaria. Deje plasmado en papel su plan estratégico. Hay otra ventaja en escribirlo en papel con su puño y letra. Los músculos de sus brazos tienen memoria involuntaria. Usted va a recordar su plan con mayor facilidad. Si insiste en escribirlo en su computadora, imprímalo, guárdelo en su escritorio, en un lugar donde lo pueda ver y revisar, y también archívelo en su computadora,

por si pierde el papel.

¿CÓMO SE COMIENZA UN PLAN ESTRATÉGICO?

Tiene que haber hecho un análisis de sus fortalezas. Analice su posición actual, y para hacer eso, necesita:

1. **Enumerar cuáles son sus fortalezas** como empresario; cuáles son las cosas en las que está firme hoy.

2. **Examinar sus debilidades** en su empresa y dentro del mercado donde está trabajando.

3. **Saber cuáles son las amenazas** a su empresa; toda empresa tiene unas amenazas.

4. **¿Cuáles son las oportunidades?** En una empresa que está empezando, lo más importante son las oportunidades. Y en una empresa que quiere llegar a su máxima dimensión, las oportunidades son la clave del avance. Mientras busca más oportunidades, va a descubrir más fortalezas y más debilidades. Pero según aprovecha las oportunidades, esté alerta a conocer las amenazas porque, si no lo hace, puede echar a perder esas oportunidades y las siguientes.

¿Cuáles son los componentes más importantes en la creación de la planificación estratégica?

- Visión
- Misión
- Valores
- Objetivos
- Estrategias
- Metas
- Programas de trabajo

Estos son los elementos en los que tiene que trabajar al crear su empresa. Establezca claramente la visión, la misión, los valores, los objetivos, las estrategias, las metas y los programas de trabajo. Es imprescindible escribirlo todo porque componen su estrategia. Los examinaremos uno a uno.

LA VISIÓN

Simplifique el proceso de escribir su visión y su misión. No piense en crear algo tan grande, tan magnífico, que quede paralizado dentro del proceso de la creación, pensando que esto lo va a gobernar por el resto de sus días sin que lo pueda cambiar. Entienda que este es solo el análisis de su posición actual; son su visión y su misión de este momento. A lo mejor dentro de cinco años ambas cambian porque se da cuenta de que hay otras cosas que quiere hacer, que quiere incluir en su empresa, y otras que va a querer dejar de hacer.

La visión tiene que sufrir modificaciones porque su entorno va a cambiar. Las generaciones y las necesidades van a cambiar. Quizás hay cosas que permanecen por mucho tiempo, pero otras no. En la redacción de la visión y de la misión es donde se frustran los empresarios, porque les digo que eso es lo que va a regir su vida empresarial y tratan de crear algo que esté vigente para los próximos 30 o 40 años, cuando usted no sabe lo que va a pasar en los próximos 30 o 40 años. Lo que necesita establecer es lo que va a pasar durante los próximos cinco a siete años. Tal vez en siete años lo único que hay que cambiar o añadir es una palabra o una frase; tal vez hay que redactar una nueva visión. Pero hoy escriba la visión que necesita hoy.

La visión es lo que establece el futuro al que la empresa quiere llegar durante los próximos 5 años. Nadie define por usted lo que es éxito. En un juego de baloncesto, el éxito está establecido. En la vida no es así. Puede que para usted, bajo sus normas o expectativas, yo no esté teniendo éxito. Sin embargo, bajo mis normas y expectativas, puedo estar experimentando el éxito deseado.

NADIE DEFINE POR USTED LO QUE ES ÉXITO.

Determine lo que es éxito para usted. ¿Cómo lo determina? Es lo que usted quiere lograr. Por eso la visión tiene que establecerla usted. Sea preciso y claro.

Ejemplos:

Visión de las tiendas *Macy's*: "Nuestra visión es operar las tiendas *Macy's* y *Bloomingdale's* como marcas nacionales dinámicas, enfocándonos en la oferta para el cliente en cada sucursal".

Visión de las tiendas *Wal-Mart*: "Si trabajamos juntos, reduciremos el costo de vida para todos. Le daremos al mundo una oportunidad para ver lo que es ahorrar y vivir una vida mejor".

LA MISIÓN

Defina la naturaleza de la empresa. Básicamente, ¿quiénes son ustedes? Hay cuatro preguntas que debe hacerse a sí mismo en cuanto a su empresa, antes de escribir su misión.

- ¿Quiénes somos?
- ¿Para qué existimos?
- ¿En qué negocio estamos?
- ¿Por qué hacemos lo que hacemos?

Estas respuestas pueden variar en cinco años porque su negocio entra a una nueva dimensión. Hoy, en su posición actual, ¿cómo define estas cosas? Cabe señalar que *Macy's* cambió su visión y su misión cuando adquirió *Bloomingdale's*. Por eso usted escribe su visión y su misión de acuerdo con su presente, y las cambia de acuerdo con la evolución de su empresa.

Ejemplos:

Misión actual de las tiendas *Macy's*: "Nuestra meta es ser un comerciante al por menor con la habilidad de ver la oportunidad en el horizonte y capitalizar en ella. Para hacerlo, nos estamos moviendo más rápidamente que nunca, utilizando más tecnología y concentrando nuestros recursos en aquellos elementos más importantes para nuestros clientes principales".

Misión actual de las tiendas *Wal-Mart*: "Ahorramos dinero a las personas para que vivan mejor".

VALORES

Es lo que establece los estándares de comportamiento en su empresa hacia sus clientes, empleados y comunidad. Es, básicamente, en qué cree usted. Es lo que va a dirigir su conducta y cómo va a tratar a los demás. A base de eso es que va a reaccionar a las felicitaciones y a las quejas.

Usualmente, a los empresarios no les gustan las quejas porque no les gustan las críticas, pero a lo mejor una crítica le deja ver que un empleado no está cumpliendo con uno de los valores de su empresa. Recibirla le ayuda a establecer un panorama completo dentro de lo que es su negocio.

Ejemplos:

Valores que rigen a la cadena de tiendas *Coach*:

- La marca es nuestra piedra angular.
- La satisfacción del cliente es primordial.
- La integridad es nuestro estilo de vida.
- La innovación lleva a una ejecutoria ganadora.
- Nuestro éxito depende de colaboración.

Valor que rige a las tiendas *JC Penney* desde su fundación:

- La Regla de Oro: "Trata a los demás como quieres que te traten a ti".

OBJETIVOS

Hay que establecer los resultados esperados de las acciones de la empresa. Los objetivos no son lo mismo que las metas porque los objetivos tienen una dirección un poco diferente a nivel emocional y a nivel competitivo. Las metas son más numéricas; los objetivos tienen que ver con sensaciones, con dónde usted se quiere posicionar. Puede no haber alcanzado metas cuantitativas, pero puede haber logrado objetivos. Recuerde que los empresarios trabajamos por resultados. Puede decir: "Estos son los resultados que yo quiero" o "Perdí dinero en una inversión, pero logré mis objetivos de posicionarme en cierto nivel".

ESTRATEGIAS

Establezca estrategias de cómo va a alcanzar la visión y los objetivos. Esto es lo que establece las prioridades de una empresa; le ayuda a enfocarse. Mientras más claros están sus empleados y su comunidad de su visión y de sus objetivos, más adeptos va a ganar para desarrollar su estrategia. Mucha gente quiere imponer estrategias sin haber establecido visión y objetivos. Entonces las personas a su alrededor van a preguntar por qué se supone que hagan lo que hacen.

Los empresarios quieren entrar en nuevas oportunidades, en nuevos mercados, pero no puede haber estrategias precisas ni movimiento si no hay visión, misión y objetivos claros. Usted mismo se empieza a cuestionar. Sin visión ni objetivos, empieza con una estrategia y encuentra que no funciona. ¿Cómo va a verla funcionar si usted mismo no sabe cuál es el objetivo? Los que operan así solo juegan a la suerte a ver si les resulta. Un inversionista se sienta, mide, calcula, proyecta, para entonces ver si hace una inversión o no. ¿Qué es lo que mantiene la estrategia? La visión. Si tiene empleados que se resisten a la estrategia, es porque no conocen los objetivos.

METAS

Después de las estrategias, tenemos metas. Hay gente que quiere tener metas para entonces tener estrategias. Eso no funciona así. Usted establece medidas claras para ver el progreso de la empresa y hacia dónde se dirige.

PROGRAMAS DE TRABAJO

Estas son las actividades diarias que se llevan a cabo para llegar a las metas. Es cómo va a trabajar con los suplidores y otros grupos dentro de su empresa, para alcanzar sus metas y objetivos. A veces por su desesperación de alcanzar ciertas cosas, intenta este orden al revés. Comienza a tomar acción diaria para entonces darles una estrategia a sus acciones. Establece las metas y luego les da una estrategia. Se siente bien y se dice a sí mismo que no está alcanzando sus metas, pero está alcanzando otras cosas. Entonces trata de convencer a su esposa y a sus empleados, y ellos le dicen: "Sabemos lo que estás haciendo, pero no sabemos si tú sabes para dónde vas".

Su equipo de trabajo no puede entender lo que usted hace ni

puede colaborar, si no estableció ni para sí mismo la visión, la misión, los valores y los objetivos para justificar su estrategia. La frustración de muchos empresarios es que dedican sus vidas a acciones diarias que no los están llevando a ningún sitio y no les producen resultados. Desarrollar un plan estratégico efectivo exige un orden. Siga el orden.

EJERCICIOS

1. Basándose en los 7 elementos de un plan estratégico y su orden correcto:

   • Escriba la visión específica de su negocio.
   • Escriba su misión.
   • Enumere sus objetivos y recuerde que los objetivos son diferentes a las metas.

2. De acuerdo con lo que ya escribió, diseñe una estrategia que usted cree que lo puede llevar a lograr los objetivos y cumplir con la visión y la misión.

3. Haga una lista de las metas que tiene para su negocio.

4. Prepare un programa de trabajo para llevar a la acción la estrategia, acorde con los otros elementos.

9

DIVERSIDAD DE ESPECIES: LAS NUEVAS OPORTUNIDADES

"**D**ijo Dios: Produzcan las aguas seres vivientes, y aves que vuelen sobre la tierra, en la abierta expansión de los cielos. Y creó Dios los grandes monstruos marinos, y todo ser viviente que se mueve, que las aguas produjeron según su género, y toda ave alada según su especie. Y vio Dios que era bueno. Y Dios los bendijo, diciendo: Fructificad y multiplicaos, y llenad las aguas en los mares, y multiplíquense las aves en la tierra. Y fue la tarde y la mañana el día quinto. Luego dijo Dios: Produzca la tierra seres vivientes según su género, bestias y serpientes y animales de la tierra según su especie. Y fue así. E hizo Dios animales de la tierra según su género, y ganado según su género, y todo animal que se arrastra sobre la tierra según su especie. Y vio Dios que era bueno" (Génesis 1:20-25).

El quinto día de la creación trajo la diversidad de especies. Aún dentro de la misma especie, hay diversidad. Esa palabra es muy importante. Observe que cada especie fue creada dentro de un ambiente específico y para ese ambiente. Dios creó primero los ambientes y en cada uno de ellos ubicó las especies correctas según su género. En los aires ubicó las aves. En las aguas ubicó los peces. En la tierra situó los animales. Basado en los ambientes creó a los animales, que van en completa relación al ambiente que ya estaba creado. La diversidad se muestra dentro del ambiente correcto. Observe siempre el orden en que Dios creó porque es el orden que debe imitar para crear su empresa a cada paso.

Aplicado a su empresa, los ambientes representan la diversidad de mercados y de segmentos. Igual que en la diversidad de ambientes hay diversidad de especies, puede crear diversidad de proyectos dentro de la diversidad de mercados y segmentos.

Este quinto día de la creación representa la búsqueda de nuevas oportunidades y nuevos mercados para su empresa. Dentro del plan estratégico de su empresa, tiene que estar la búsqueda de nuevas oportunidades. Antes de lanzarse a esto, tenga claro el tiempo en que vivimos:

Globalización. Usted ya no compite únicamente con el empresario vecino ni con el de su país. Compite con el mundo entero, no importa el producto o servicio que ofrezca. Le van a comparar a nivel internacional porque hay oportunidad de acceder el mundo a través de la Internet. Tiene que ampliar su visión y entrar en otra dimensión de búsqueda de oportunidades porque la economía mundial lo obliga.

USTED YA NO COMPITE ÚNICAMENTE CON EL EMPRESARIO VECINO NI CON EL DE SU PAÍS. COMPITE CON EL MUNDO ENTERO.

Maximización de mercados. Aunque esté en un mercado, sea consciente de que todos los mercados han sido maximizados. Dentro de cada mercado todavía hay oportunidades nuevas que se pueden alcanzar, usando la creatividad para maximizar. Hay empresas que son líderes en el mercado, pero eso no quiere decir que han agotado todas las opciones dentro de ese mercado ni del producto o servicio que venden. Ahí es donde entramos nosotros los que tenemos nuevas empresas, que podemos observar cosas que otros empresarios existentes no han observado todavía. Cuando nos referimos a buscar oportunidades, se trata de posicionarnos estratégicamente dentro de un mercado.

¿En qué momento debe entrar al mercado?

Hay tres términos referentes a los momentos de iniciar una empresa o entrar a una oportunidad, y definen su posición estratégica. Cada uno tiene sus ventajas y desventajas:

Ser pioneros. Estas empresas son las primeras en su industria, en ofrecer su producto o servicio. Abren el camino porque llegan cuando otros todavía no están. Se atreven a cruzar barreras, a introducir productos y a llenar o crear necesidades en los consumidores. El éxito de muchas de ellas ha estado en atreverse a lanzar lo nuevo o causar cambios que faciliten la vida y/o los negocios de otros.

Llegar temprano a la oportunidad, pero después del pionero.
Son aquellos empresarios que ven el camino abierto por otros y
su oportunidad de entrar al negocio. Saben que otros llegaron
antes, pero también saben que el mercado es amplio y siempre
hay un detalle que el pionero no ha cubierto.

Entrar más tarde a la oportunidad. Luego de muchas empresas posicionarse, estas empresas ven la oportunidad, aprove-
chan y entran al mercado. Usualmente entran porque han visto
ya algún servicio, producto o mejora que pueden añadir a lo
existente.

No se desanime si no es un pionero

Uno de los peores enemigos de la posición estratégica de un
nuevo empresario es pensar que entrar tarde a un sector significa perder. Muchas personas no se atreven a entrar a un mercado
porque, en términos de presencia, están entrando tarde. Preferirían ser pioneros porque piensan que el pionero es el más que
gana. Hay situaciones en las que un pionero pierde la ventaja
debido a alguien que entra tarde. El hecho de que usted haya
visto una oportunidad cinco o diez años después de que otros
la vieron, puede darle unas desventajas, pero también unas ventajas.

El siguiente es un ejemplo alentador. Durante las décadas de
1940, 1950 y 1960, empezó en Puerto Rico un fuerte auge en la
construcción de viviendas. Hubo nuevos valientes empresarios
que iniciaron desarrollos, construcción y ventas de viviendas,
convirtiéndose en pioneros. Algunas empresas que entraron
luego en ese negocio vieron la oportunidad de construir viviendas multipisos (edificios de condominios o propiedad ho-
rizontal) y se dedicaron a construir viviendas de ese tipo. Otros
vieron la oportunidad de construir los edificios comerciales o

públicos, puentes y carreteras. Todos eran constructores, pero a pesar de que hubo pioneros, muchos empresarios vieron oportunidades nuevas en la misma industria. Con frecuencia tuvieron que abrir brechas para lograr cambios en las leyes del país que les permitieran operar y proveer sus productos y servicios.

No todos fueron pioneros. Unos llegaron a ser pioneros de su misma oportunidad aunque llegaron después, y otros sin ser pioneros, lograron desarrollar empresas multimillonarias. Dentro de la misma industria de la construcción, unos importaron cemento, mientras otros crearon empresas para fabricar el cemento. Otros inventaron productos para resolver problemas de construcción, como por ejemplo, la fabricación de pilotes seccionales para servir de cimientos en áreas profundas. Ese producto no solo sostiene muchas estructuras en Puerto Rico, sino también puentes en varios países del mundo.

Usted tiene que observar su producto en su mercado, si va a ser pionero o va a entrar después porque también puede suplir donde el otro está supliendo o ver una solución que el pionero no provee. Puede entrar temprano o esperar a ver las condiciones y entrar más tarde.

USTED PUEDE ENTRAR TARDE AL MERCADO Y TENER ÉXITO DE TODAS MANERAS.

Empresario: usted puede entrar tarde al mercado y tener éxito de todas maneras. No insista en ser pionero aunque crea que tiene una idea muy nueva. No importa si entra temprano o tarde a una industria, lo importante es que entre y maximice sus oportunidades. Ser pionero no es necesariamente mejor que llegar después. El nuevo empresario puede beneficiarse del camino trazado por el pionero.

Desventajas de ser un pionero

El pionero paga un alto precio por la entrada a un nuevo mercado. Paga el más alto precio de estudios, análisis, leyes y, aunque no quiera, el precio de "probar y fallar" porque está trazando caminos que nadie conoce. Si es una empresa que va a entrar en otro país tiene que establecer las políticas, probablemente tiene que luchar con el gobierno, cambiar ciertas leyes, ajustar su producto a los requisitos del país, resolver problemas con la licencia, entrar en asuntos legales. Ser pionero cuesta mucho dinero porque se está abriendo el camino.

Les mencioné anteriormente la marca *Mercedes Benz*. Esta marca de origen alemán, para poder entrar al mercado de Estados Unidos tuvo que adaptar detalles mecánicos del vehículo a los estándares y reglamentaciones que rigen la industria de autos en los Estados Unidos. Uno de esos ajustes tuvo que ver con las leyes de medio ambiente y la emisión de gases; otro fue el rediseño del interior del auto con el volante a la izquierda. Aunque es básicamente el mismo auto, cuando va a otro mercado tiene que adaptarse al país donde se va a vender. Con otros modelos extranjeros ocurre lo mismo. Todas las gestiones para lograr algo así le cuestan dinero al pionero.

El pionero invierte dinero en crearle al mercado una necesidad de su producto o servicio nuevo, o convencerlo de que la tiene. Piense en un solo mercado, en el de su país. Las costumbres, las formas de hacer las cosas, las preferencias de productos cambian, no solo una generación tras otra, sino diariamente dentro de una misma generación. El pionero, especialmente hoy día, se enfrenta al reto de persuadir a un mismo mercado repetidamente, de distintas maneras.

Observe el efecto de la población hispana en los Estados Unidos en el mercadeo de productos. Las corporaciones se ven obligadas a diseñar su mercadeo y su publicidad a base de los segmentos hispanos específicos a quienes les quieren vender, utilizando el idioma español del país de origen, las expresiones, los prototipos en los actores de los anuncios, reflejando las costumbres, todo creado para alcanzar las poblaciones por región. En los lugares donde abunda la nueva generación de hispanos, los estrategas se dirigen a ellos en inglés porque los hispanos jóvenes hablan y leen más inglés que español. Estos cambios, estas adaptaciones, cuestan dinero a los pioneros, que son los primeros en probar cómo responde el mercado.

Dentro del segmento del mercado hispano, el mercadeo y la publicidad dirigidos a la mujer hispana (la que más consume en ropa, accesorios y cosméticos) también tienen que ser específicos. Imagínese si es un mercado poderoso que muchas firmas contratan celebridades hispanas para las promociones de sus productos.

Los costos de mercadeo para dar a conocer un producto son mucho más altos. No es tan solo introducir el producto, es cómo le explico al cliente este producto, cómo creativamente a través de mercadeo le muestro a esta ciudad las ventajas de este producto que ellos no conocen. Ganar esos primeros clientes cuesta mucho dinero. Y tienen la eterna presión de mantenerse a la vanguardia porque saben que el que entra después de ellos va a cosechar parte de sus esfuerzos.

Ventajas de ser pionero

Por lo general, el pionero tiene más rápido retorno de su inversión. Aunque invierte mucho más dinero para entrar al mercado, recupera su inversión mucho más rápido porque alcanza un mayor segmento del mercado. Si la empresa pionera es la única en la industria, el producto tiene acogida, se vende bien, nadie más lo tiene y el pionero recibe el mayor impacto inmediatamente. A nivel de porcentaje, es mucho más rápido el retorno (o porcentaje de rendimiento por inversión) del porcentaje que invirtió en el producto y el mercadeo.

EL PIONERO TIENE MÁS RÁPIDO RETORNO DE SU INVERSIÓN.

Desventajas del empresario que entra temprano, pero después del pionero

De entrada, capta menos porcentaje del mercado. Usualmente, el que entra temprano o tarde no disfruta de la captación del gran segmento del mercado que ya obtuvo el pionero. Las estadísticas revelan que el pionero retiene por mucho tiempo el 60% del mercado, y queda un 40%, que es por lo que se pelean los que entran temprano y los que entran tarde.

Tiene que competir en precios. Su precio es uno de los factores que va a hacer que la gente le compre por encima de la empresa que ya conocen. Es una desventaja porque tiene que ajustar su costo de producción manteniendo la misma calidad, y su margen de ganancias va a ser menor. El pionero se dio el lujo de cobrar lo que quería al principio, porque solo él ofrecía ese producto o servicio. Si entra después, tal vez su inversión en suplidores y almacén tienen que ser mayores para que sus costos bajen, y poder competir en precios.

Ventajas

1. Aprovecha las diferencias de las compañías presentes. Se da cuenta de las fallas y de lo que el otro no está cubriendo, o descubre otro segmento que tiene poder adquisitivo y no está siendo servido. El mercadeo del pionero quizás no está dirigido a ese sector y usted puede dedicar un producto similar a ese grupo y trabajarlo.

2. Atiende necesidades específicas, lo cual le brinda ciertas ventajas dentro de la entrada al mercado. Eso no tan solo le permite mirar el mercado, sino también analizar las debilidades de la otra empresa a nivel de las ventajas que puede aprovechar de precio y mercadeo en diferentes renglones. Esto es un gran beneficio porque entra al mercado promocionando la debilidad del otro.

Si tiene una desventaja que puede utilizar como ventaja, puede maximizarla en su mercadeo para captar cierto número de personas. Por ejemplo, tradicionalmente, las personas son fanáticas de las grandes marcas. Sin embargo, perciben a los pequeños comerciantes como que atienden mejor a sus clientes, se esmeran en el servicio, aparecen cuando se les necesita y son accesibles. ¿A cuántas personas ha oído quejarse, diciendo de un empresario, "es que como ya el negocio creció, él nunca aparece" o "no me atiende".

El acceso del cliente al empresario es una ventaja que puede aprovechar el empresario que entra después, cuando el pionero ya no es tan accesible y es visto por los clientes como "muy grande para resolverme el problema".

3. El análisis del mercado es menor, más fácil porque otro lo hizo. Usted tiene un nicho en el que puede capitalizar lo más rápido posible.

Desventajas del que entra tarde, después de varios años

1. Tiene que ofrecer mejores garantías. Por lo general, el último que entra tiene que ofrecer 90 días en vez de 30.Tiene que ofrecer más, especialmente en garantía de servicio. ¿Recuerda cuando la garantía típica de un auto nuevo eran 12.000 millas o 3 o 5 años? Busque las garantías de ahora. Hace unos años, varias marcas nuevas entraron al mercado aumentando las millas y los años de garantía. Lograron posicionarse tan bien, que muchas otras marcas subieron sus garantías y usted puede adquirir un auto hoy con 100.000 millas de garantía.

2. Tiene que sacrificar ciertos beneficios en sus contratos. Tiene que analizar margen de ganancias, técnicas de ventas y necesidad de adoptar nuevas políticas, especialmente cuando vaya a entrar en nuevos mercados.

Ventajas

1. Ofrece mejor servicio y tiene la oportunidad de desarrollar una relación de calidad con cada cliente. En negocios, especialmente si entra tarde a una industria, el éxito no se basa solo en cuántos clientes tiene, sino en la calidad de su relación con ellos. Se lo comparo con *Facebook*. Lo importante de esa red social no es la cantidad de *"likes"* que usted recibe, sino la frecuencia de contacto y el vínculo que mantiene con esas personas. Lo más importante es tener una relación efectiva y directa con sus clientes.

2. Le permite una mejor utilización de nueva tecnología. El pionero tuvo que entrar a hacer negocios sin computadora o con una computadora primitiva. Usted, con un *chip* más pequeño y más barato y un teléfono celular, hace lo que el pionero hacía, y más rápido. Está más accesible para resolver las situaciones de los clientes y puede resolverlas en menos tiempo. Usted entra al mercado con una nueva tecnología, una ventaja más rentable. Incluso lleva consigo toda la información que necesita para garantizar un servicio excelente.

EL ÉXITO NO SE BASA SOLO EN CUÁNTOS CLIENTES TIENE, SINO EN LA CALIDAD DE SU RELACIÓN CON ELLOS.

Aspectos importantes de las nuevas oportunidades

Aproveche sus ventajas y aproveche las desventajas de los otros. Analice la situación; no se descalifique inmediatamente. Quiero darle unas ideas que tiene que analizar dentro de las oportunidades y sus implicaciones:

1. Analice los segmentos del mercado donde está y a los que puede llegar. Un empresario tiene que pensar cómo maximizar la oportunidad en un segmento y cómo entrar en otros. Vea como ejemplo el segmento de aire acondicionado de casas en el área metropolitana. Sus alternativas son extender el mercadeo hacia otra región o crear un plan de mantenimiento para las áreas donde vende. Así maximiza el segmento. Tiene que hacer el análisis de dónde está y cómo puede maximizar el segmento o si para maximizar su empresa tiene que irse a otro segmento u otra región.

2. Estudie el lugar geográfico donde se encuentra y hasta dónde puede llegar. La geografía tiene mucho que ver con el éxito de un servicio, de un producto o de una empresa. Veamos como ejemplo a Puerto Rico. Esta es una isla; en los Estados Unidos no entienden nuestros días festivos. Las islas tienen una cultura, un clima, un ambiente y estilos de vida diferentes que las hacen receptivas al mercadeo de unos productos y de otros no. Lo mismo ocurre en otros países. Otra forma en que la geografía determina el mercadeo de un producto es afectando el acceso y el costo de ese acceso. No es lo mismo desarrollar un negocio en la montaña que en el área metropolitana, porque el transporte para distribuirlo es más costoso y el acceso al cliente es más complicado.

3. Conozca bien su línea de productos y su posible expansión. Puede mirar productos que sean complemento a los productos suyos o a los de otros. A lo mejor no necesita el producto principal o el servicio principal de algo. Quizás necesita otro producto de alguien que es líder y pionero en esa área y usted ofrece el complemento a ese producto. Hay personas que han hecho mucho dinero con celulares sin vender un celular, vendiendo cubiertas de celulares. El que vende celulares debe también vender cubiertas. El dinero puede estar en el producto que mejora el producto principal. ¿Cuál es su producto? ¿Cómo va a expandir su línea de productos? ¿Cómo complementa su producto a los productos de otra empresa? Ahí es donde se promociona y busca oportunidades.

¿Cuáles son los clientes existentes y cuáles son los clientes potenciales? Tiene que ser creativo porque a veces se nos nubla el entendimiento y nos aferramos a que solo un grupo de personas quiere el producto. Entonces viene otro empresario creativo, presenta el producto a otro grupo de clientes y tiene éxito. ¿Qué clientes tiene y qué grupo nuevo puede alcanzar?

4. Examine la posibilidad de hacer alianzas estratégicas. No tiene que entrar solo a un segmento; puede entrar como aliado de otro. Un ejemplo está en los negocios de comida rápida en los puestos de gasolina. El dueño de la gasolinera no gana en la gasolina. Él gana en el chocolate o la goma de mascar que le vende. Si él tiene adentro un puesto de comida rápida conocido, tiene la posibilidad de que un cliente entre a comprar comida, de una vez compre la gasolina y cuando vaya a pagar, se antoje del chocolate, las rosquillas, el dulce de la caja registradora, y ahí es donde está la ganancia.

¿De qué se beneficia el puesto de comida rápida? De una clientela que pasa por allí todos los días, de un costo de renta más bajo y de otra oportunidad de crear reconocimiento de marca, porque algo que hace que una franquicia crezca es que se vea su nombre en todas partes. La empresa de comida rápida se establece como un servicio expreso con una baja inversión, no tiene que ofrecer toda la línea de productos, no necesita tener los mismos equipos ni los mismos empleados, pero tiene el reconocimiento, la clientela cautiva y una renta económica.

Aquí entra la importancia de una estructura legal. Muchas personas tratan de aprovechar oportunidades y no se dan cuenta de que cuando van a una nueva oportunidad, tal vez tengan que revisar su estructura legal y su mercadeo. Dentro de sus búsquedas de las nuevas oportunidades tiene que crear nuevas estrategias de mercadeo para su producto o servicio dentro del nuevo segmento y para los nuevos clientes. No se entra a una nueva oportunidad con la misma estrategia de mercadeo.

Maneje apropiadamente los productos existentes y los nuevos. ¿Cómo va a manejar su producto dentro de este nuevo segmento? Esto es muy importante, especialmente cuando hablamos de expandirse a otros países. ¿Cómo se fabrica allá, cómo son los costos, cómo se vende allá? El manejo de esos productos en ese otro lugar tiene que ser bien analizado, igual que las formas de pago y los estilos de hacer negocio. Un asunto crítico a prever cuando hace negocio en otro país es la moneda con la que le pagan por su producto o servicio, y su valor de intercambio con la moneda de su país. Solo ese detalle puede significarle cuantiosas pérdidas. Igual le afectan las leyes, los ciclos de pagos que acuerde y los costos de hacer negocios. Recuerde que, en un nuevo segmento, tiene que empezar por buen asesoramiento legal y crear la estructura legal correcta, aparte de revisar su estrategia de mercadeo a tono con la nueva oportunidad.

Usted va a Miami y ve que en muchos restaurantes americanos hay café cubano, sándwich cubano; va a Starbucks y puede pedir "un cubanito". En Puerto Rico va a Starbucks y venden mallorcas (un tipo de pan dulce). Es la misma compañía, pero ciertos productos que no venderían en otras ciudades, los ofrecen para apelar al público al que quieren alcanzar. Mientras tanto, algunas empresas piensan que lo que funciona en un sitio, funciona en todos. Pretenden que lo que da resultados en los Estados Unidos funcione en Puerto Rico o en otros países latinos. Pero hay detalles de preferencias y mercadeo que son muy específicos de cada región, y el éxito de su empresa está en manejarlos correctamente.

Los vendedores de bienes raíces en Europa están reestructurando su forma de vender para apelar al mercado de los asiáticos porque son los que están comprando. Lo curioso es ver que una oficina española de bienes raíces abrió otra oficina al lado de la que tenían, esta vez con el letrero en el lenguaje mandarín. Los desarrolladores y constructores de casas en Europa no están construyendo con mente europea. Los nuevos desarrollos se están diseñando para los clientes asiáticos. Lo grande es que estas personas compran en efectivo. En un reportaje que vi en televisión, la empresa de bienes raíces contrató a una vendedora original de China, y el auto donde transporta a los clientes para enseñarles casas tiene los letreros escritos en el idioma mandarín. ¿O es que va a obligar al chino a hablar español, si el dinero no habla ningún idioma? Hay empresarios testarudos que piensan que pueden obligar al mundo entero a hacer negocios a su manera, con su sistema, sin adaptarse al mercado. Eso no funciona así y fracasan ante las nuevas oportunidades.

Verifique las implicaciones legales de estas oportunidades. Si va a llevar su producto a una nueva región, no se lance sin tener una nueva licencia que proteja ese producto y su mercadeo. Usted no quiere que cuando llegue al nuevo mercado, otro se le adelante, haga los trámites legales, y usted se quede atrás y pierda dinero y oportunidad. Hay una protección legal que necesita dentro de esas oportunidades, que tiene que tramitar con tiempo. Es vital que observe cómo eso interfiere con cualquier otra cosa que está ocurriendo ya dentro de ese segmento del mercado. Verifique las licencias, los permisos, los impuestos que tiene que pagar, y los contratos con nuevas empresas.

Asegúrese de que creó la estructura legal correcta. ¿Cómo sabe a qué acuerdo puede llegar en alianza estratégica con alguien, a base de su estructura legal corporativa? Al momento de aprovechar una nueva oportunidad, ¿sabe si su estructura legal corporativa le permite hacer nuevas negociaciones en nuevos mercados? ¿Cómo va a cambiar su relación con los inversionistas que tiene?

¿Cómo cambia esa oportunidad su estructura legal del presente? Es muy probable que tenga que revisar la estructura legal, crear una estructura legal alterna para el nuevo propósito o incorporar unas subsidiarias que le permitan unos acuerdos legales específicos. Otra posibilidad es crear una corporación independiente de acuerdo con las leyes del otro país o estado.

¿Le parece complicado? Aquí es donde se cometen los errores, y tiene que proteger sus esfuerzos. Nunca piense que es el más listo y que todo el mundo es honesto. Fácilmente llega otro que ve la oportunidad, se le adelanta, le firma contrato, le cambia los nombres y se queda con el mercado. Puede perderlo todo si no registra y se protege antes de empezar.

TRES IDEAS FINALES

1. Tenga cuidado al elaborar las bases de venta y la fijación de precios en los productos o servicios. Establezca cómo va a vender, desde qué plataforma y la fijación de los precios en ese mercado. Esto le va a ayudar a posicionar correctamente su servicio o su producto en la nueva oportunidad.

2. Planifique una buena estrategia para mantener y mejorar la relación con los clientes. A veces tratamos de entrar en nuevos mercados y descuidamos a los clientes existentes. Toda nueva oportunidad debe ayudarlo a fortalecer la relación con los clientes que ya tiene. Utilice lo aprendido en la nueva oportunidad para mejorar su relación actual. Piense en cómo mejorar esas relaciones, porque lo que tiene ya en su mercado es lo que le da la base para lanzarse al resto del mundo. Si descuida lo que tiene por alcanzar lo nuevo, está poniendo en peligro todo lo que ha trabajado. No pase por alto que sus clientes pueden tener contactos personales o de negocios en las áreas donde pretende aprovechar la nueva oportunidad, facilitando su entrada al mercado.

3. Invierta su tiempo y sus recursos correctamente para prevenir errores. Tiene que llegar un momento en la vida de su empresa cuando ya no cometa errores simples que le cuesten dinero, le distraigan o le compliquen lo que está haciendo. Nunca se confíe demasiado.

INVIERTA SU TIEMPO Y SUS RECURSOS CORRECTAMENTE PARA PREVENIR ERRORES.

En la búsqueda correcta de nuevas oportunidades, entienda que está compitiendo en un mercado global. Tiene que expandirse a otros segmentos, pero sin cometer los mismos errores que cometió cuando empezó su empresa. Cuando llegue al próximo nivel, tiene que minimizar los errores para que aproveche la nueva oportunidad, en vez de que le cueste.

Sabemos que las adquisiciones y fusiones de las empresas son decisiones estratégicas para maximizar el crecimiento de una empresa, y avanzar su producción y mercadeo. Se hacen para aumentar fuerza en el mercado, expandir la base de clientes, reducir la competencia o entrar a un nuevo mercado o segmento del producto.

Veamos un ejemplo impactante. Cuando la economía de la India se empezó a globalizar en el año 1991, se creyó que las firmas extranjeras no solo harían negocios en India, sino también absorberían empresas hindúes. Pero se convirtió en una experiencia de doble vía. Las compañías de la India no solo están haciendo negocios en el mundo entero, sino también están absorbiendo empresas extranjeras con un valor muy significativo, que demuestran la estrategia de visión y el dominio de los corporativos de la India en el mercado global. El sector corporativo hindú ha experimentado un auge en estrategias de restructuración debido a la presencia de subsidiarias de multinacionales grandes y a la presión de esas estrategias en las firmas domésticas.

Con todas las precauciones y la sabiduría necesarias, atrévase a buscar, crear y considerar las nuevas oportunidades para su empresa. Es un principio básico para el éxito empresarial. No hay sensación peor para un empresario que mirar hacia atrás y admitir que dejó pasar grandes oportunidades. Solo piensa en lo que pudo haber hecho y no hizo. Peor aún, puede frustrarse hasta perder de vista otras oportunidades. Cada oportunidad que deja pasar hace que su vida empeore y que su empresa no prospere, porque lo que más le pesa es que no podrá saber hasta dónde su empresa pudo haber llegado si hubiera aceptado la oportunidad que le ofrecieron o que usted no vio.

Aproveche las nuevas oportunidades.

EJERCICIOS

1. Busque en la *Internet* las empresas y los productos o servicios parecidos a los suyos. Anote los mercados donde se promueven y su nivel de globalización. Compárelos, como si fuera un comprador.

2. ¿En qué momento está entrando al mercado comparado con el pionero de su industria? ¿Aporta algo que su pionero no tiene?

3. Averigüe los inicios y los alcances de los pioneros y de otros en su industria. Tome nota y compare con lo que exige el mercado de hoy. Investigue cuántas necesidades llenan

contra lo que usted ofrece. ¿Cuál es el porcentaje de mercado de cada uno?

4. Piense en qué otros mercados cree que su producto se vendería y consiga información de los requisitos legales y de la moneda del país y el valor de intercambio.

5. Calcule sus costos de inversión para entrar a ese otro mercado.

6. ¿Le conviene hacer alguna alianza estratégica? ¿Cuál y con quién la haría?

7. Al intentar otro mercado, es crítico que haga un esfuerzo especial por mantener atendida su base de clientes ya activos. Escriba un plan para darles mejor seguimiento.

10

CREACIÓN DEL HOMBRE: SU EQUIPO DE TRABAJO

"Entonces dijo Dios: *Hagamos al hombre nuestra imagen, conforme a nuestra semejanza; y señoree en los peces del mar, en las aves de los cielos, en las bestias, en toda la tierra, y en todo animal que se arrastra sobre la tierra. Y creó Dios al hombre a su imagen, a imagen de Dios lo creó; varón y hembra los creó. Y los bendijo Dios, y les dijo: Fructificad y multiplicaos; llenad la tierra, y sojuzgadla, y señoread en los peces del mar, en las aves de los cielos, y en todas las bestias que se mueven sobre la tierra. Y dijo Dios: He aquí que os he dado toda planta que da semilla, que está sobre toda la tierra, y todo árbol en que hay fruto y que da semilla; os serán para comer. Y a toda bestia de la tierra, y a todas las aves de los cielos, y a todo lo que se arrastra sobre la tierra, en que hay vida, toda planta verde les será para comer. Y fue así. Y vio Dios todo lo que había hecho, y he aquí que era bueno en gran manera. Y fue la tarde y la mañana el día sexto*" (Génesis 1:26-31).

El sexto día es el día de la creación del hombre. En un capítulo anterior vimos al hombre como "la empresa", en términos de una de las enseñanzas del orden de la creación. Primero se crean las condiciones y los recursos correctos, luego se crea la empresa.

Pero la creación del hombre tiene una implicación adicional: el factor humano dentro de su empresa. Más que un factor o como se llama en el mundo de negocios, un recurso, el ser humano es el "activo" más valioso. No me gusta la palabra recurso para referirme al ser humano porque un recurso se termina, se explota. Prefiero el término "*asset*", que tiene la connotación emocional correcta. Aunque en el idioma español tiene una traducción financiera, "activo", la palabra en inglés "*asset*" significa como un tesoro, algo que se estima, de lo cual uno se siente orgulloso.

Veamos a los seres humanos como uno de los mejores activos, uno de los elementos de mayor potencial en la vida empresarial. Cuando considera que algo es su mejor activo, hace lo posible por mejorarlo.

CUATRO ETAPAS DE LA CREACIÓN DEL HOMBRE Y CÓMO APLICARLAS A SU EMPRESA

1. **Dios creó al hombre a su imagen.** Es importante proyectar la imagen correcta de su empresa. En primer lugar, ser consciente de eso le compromete como empresario a seguir el ejemplo y orden establecido por Dios para la creación de su empresa y la organización de su vida. En segundo lugar, saberlo le recuerda el poder que tiene para hacer riquezas, ya que está hecho a la imagen de Dios. En tercer lugar, pero no último en importancia, esa verdad representa que tiene que haber un líder que establezca cuál debe ser la proyección correcta de la empresa para que las personas puedan imitar esa proyección. Igual que

Dios le dio su imagen, usted tiene que ser el líder que proyecta correctamente la imagen que quiere que proyecten las personas que va a añadir a su equipo. Tenga muy clara cuál es esa imagen.

Es probable que en otras etapas de su empresa no proyecte la imagen que en ese momento le conviene que su empresa proyecte. Fíjese que las empresas grandes tienen presidente, vicepresidente, Principal Oficial Ejecutivo (CEO), Principal Oficial de Operaciones (COO) y Principal Oficial Financiero (CFO). Existen muchas posiciones porque una persona puede ser un buen administrador, pero no ser el líder que proyecta la imagen que la empresa debe proyectar. Al empezar su empresa, por razones económicas usted tiene que serlo y hacerlo todo, y aprender más allá de sus destrezas naturales. Pero si usted como empresario no es el líder que pueda proyectar la imagen que le conviene, tiene que buscar a alguien que lo sea. Hay empresarios que son excelentes administradores, pero carecen de las habilidades o cualidades para la proyección pública. Por otro lado, tenemos empresarios magníficos en proyección, pero necesitan ayuda en el área administrativa.

Ya que los cristianos tenemos el concepto de que Dios mira el corazón y no mira lo de afuera, a veces los empresarios cristianos perdemos de vista que Dios mira el corazón, pero el mundo mira lo de afuera. Tenemos que hacer que el mundo nos vea porque el mundo es el que nos va a comprar. Usted puede tener el mejor corazón, pero si no proyecta lo correcto en términos empresariales, el mundo no va a ser atraído para hacer negocios con su empresa.

Tiene que desarrollar las cualidades correctas como líder empresarial para poder atraer las personas correctas y llevar su negocio al próximo nivel. Evalúe las cualidades que desea proyectar, y basado en ellas establezca los requisitos de trabajo para su equipo.

¿Cuáles son las cualidades que quiere que proyecte su grupo de trabajo? Haga una lista. El ejemplo más clásico es Cristo. Más que hablar, modeló lo que Él quería de los demás. Él proyectaba exactamente lo que Él quería, y mientras sus discípulos caminaban con Él les proyectaba qué tipo de líderes quería que fueran.

Si no tiene en cuenta estos detalles, a su compañía lo más que le va a afectar no es el desempeño de un empleado, sino la imagen que ese empleado proyecta de su empresa y de usted. Usted tiene que ser el modelo a seguir y saber cómo contratar personas que, además de ser aptas para un trabajo, proyecten la imagen que desea.

Un buen ejemplo de la proyección de imagen en los empleados es Empresas *Disney*. A sus empleados se les llama "*cast members*" (miembros del elenco), no empleados, porque el concepto de imagen es que Disney es un espectáculo artístico en todas sus expresiones. Su elenco incluye desde el que barre hasta el que administra.

2. **Dios le marcó un territorio al hombre.** Para nosotros poder trabajar con los activos humanos, tenemos que marcar territorio. Nadie se puede desarrollar al máximo si no se le hace una marca territorial y se le asigna: "Este es tu huerto. Lo vamos a expandir, pero ahora este es tu dominio". Dios le dijo al hombre: "Este es tu lugar". Creó el lugar, pero se lo dio como marco de referencia para desarrollarse. Usted le asigna su territorio o área de trabajo a cada miembro de su equipo de acuerdo con sus habilidades, para que la persona maximice sus destrezas mientras contribuye al crecimiento de la empresa suya.

Los empresarios pierden de perspectiva la importancia de definir la estructura organizacional desde temprano. Piensan que para hacer esto, deben tener al menos tres o cuatro empleados.

¿Cómo sabe qué empleados va a contratar si no ha creado su estructura organizacional? Usted es el presidente, pero tiene que traer personas para áreas específicas, como mercadeo. Si no tiene esa estructura, no sabe cuál es el próximo que va a emplear. Esa estructura debe hacerse temprano, pero no va a ser definitiva ni final porque la empresa va a crecer y va a tener cambios. Tiene que definir las posiciones en un manual de operaciones de cada posición. ¿Cuáles son los requisitos, cuál es su descripción de tareas, qué necesita que ocurra cuando tenga a alguien en esa posición? Establezca deberes con resultados esperados por cada posición. Al mismo tiempo, defina los métodos de evaluación e inclúyalos en los manuales.

3. **Dios le dio dominio al hombre.** El problema de algunos líderes es que no saben delegar porque delegan solo responsabilidades y no delegan autoridad. Si no delega autoridad, tiene que estar presente en todos los asuntos diarios y operacionales, tomando decisiones que otros deberían tomar para mantener la empresa funcionando.

Cuando asigna un territorio, tiene que darle a su empleado autoridad para tomar decisiones sobre ese territorio, o es como si atara las destrezas de su empleado y el progreso de su empresa.

Si queremos que nuestra empresa se desarrolle, tenemos que aprender a no solo delegar responsabilidades, sino también saber en quién vamos a delegar autoridad. ¿Cómo llegamos a eso? Usted llega a eso si sabe cuál es la imagen que quiere proyectar, conoce en qué marco de referencia cada persona va a trabajar, y qué responsabilidades y cuánta autoridad le puede delegar. Establezca unos parámetros para delegar y no detenga los procesos diarios que empujan una empresa hacia adelante.

Hay un concepto gerencial a tener en cuenta. ¿Ha visto personas que funcionan muy bien, pero cuando avanzan en niveles de autoridad, empiezan a reducir su eficiencia? Eso se llama "El principio de Peter", presentado por el Dr. Laurence J. Peter en su clásico libro "*The Peter Principle*" (Bantam 1972). Significa que, en el mundo empresarial, cada quien tiene un nivel de incompetencia. Usted puede, como empleado, ejecutivo o empresario, ser excelente, hasta que llega a un nivel donde no puede dar el máximo en eficiencia. Eso le puede pasar como empresario y le puede ocurrir con sus mejores empleados. Cuando identifique el síndrome en usted o en otros, no es momento de despedir a nadie, y menos a usted mismo.

Para usted, es momento de compensar sus fallas asignando a otro que sea más competente donde usted falla, o adiestrándose en las áreas necesarias. En cuanto a otros empleados, es momento de asignar tareas o posiciones de acuerdo con las fortalezas de los empleados.

Dios le dio al hombre ayuda idónea. Dios comenzó a formar un equipo de trabajo como el que usted necesita formar. Antes de crear su equipo, asegúrese de saber las cualidades y la imagen empresarial correcta que quiere proyectar, y definir las responsabilidades de los empleados. Si no establece estos parámetros, se arriesga a contratar personas para resolver problemas temporales. Eso causa pérdidas de dinero, tiempo y complicaciones que su empresa no necesita.

SU ESPOSA EN SU NEGOCIO

Al seguir la definición de ayuda idónea en la creación de Dios, es inevitable pensar en la esposa, si el empresario es hombre. Si seguimos la analogía bíblica para la creación de la empresa, ¿significa incluir a la esposa en el equipo de trabajo?

No siempre, pero es muy usual hoy día. Empecemos porque la esposa como socia legal está incluida desde siempre, sujeta a los riesgos, a las pérdidas, a los beneficios y a las ganancias. Aunque no trabaje físicamente con usted, es la compañera que le apoya en sus luchas empresariales. Pero ¿cuál es la posibilidad de que se integre como parte del equipo empresarial? Hágase las siguientes preguntas y consúltelas con ella:

¿Pueden darse el lujo, en términos de sustentar a la familia, de lanzarse juntos a la aventura empresarial? En algunas instancias, hay parejas que deciden que uno de los dos trabaje en otro lugar mientras la nueva empresa se levanta, y así proveen las necesidades esenciales del hogar.

Si fuera a evaluar a su esposa sobre la base de sus talentos y habilidades, ¿tiene ella talentos empresariales que usted no tiene? ¿Le gusta a ella realizar tareas que a usted le disgustan? Por ejemplo, hay mujeres que son excelentes en el manejo de trámites, tener papeleo al día, cumplir con requisitos de documentos, ordenar requisitos y establecer buenas relaciones con agencias y clientes. Hay empresarios que detestan eso y prefieren irse a la calle a conseguir clientes. Esa es su fortaleza.

¿Tiene su esposa habilidades empresariales, destrezas para facturar y cobrar, por ejemplo? Hay que admitir que si tiene un buen matrimonio, nadie va a cuidar sus intereses económicos mejor que ella, si es hábil y sabia con los números, y conoce su negocio.

¿Tiene su esposa destrezas en el servicio a los clientes y manejo de situaciones de servicios? Ese es un talento muy conveniente que salva dinero a las empresas.

En términos prácticos empresariales, ¿cuáles son los factores más importantes al considerar a su esposa como parte de ayuda idónea en su negocio?

- Evaluar juntos las habilidades empresariales de ella, dejando fuera sus atributos personales (que son muchísimos, puesto que usted se casó con ella).

- Establecer una dinámica de trabajo seria y profesional.

- Comprometerse a dejar fuera del horario empresarial los asuntos matrimoniales.

- Desarrollar una visión empresarial en común, con metas y sueños mutuos, y mantenerlos presentes.

- Mientras están en el ambiente de trabajo, anteponer la habilidad de funcionar como socios en una empresa, con respeto mutuo y desacuerdos administrativos bien manejados.

- Desarrollar un estilo de trabajo donde cada cual contribuya sus mayores destrezas en pro del bien de la empresa, sin entrar en competencias.

- Asignarse áreas de responsabilidad y autoridad, respetarlas y consultarse como equipo de trabajo.

- Expresar apoyo público mutuo en todo; discutir los desacuerdos empresariales en privado, y no delante de los empleados.

- Hacer acuerdos previos sobre el manejo de clientes.

- Tomar decisiones empresariales objetivas en cuanto a cómo funcionar en equipo.

En el momento cuando deciden si la esposa va a trabajar en la empresa, sea al inicio o más adelante, también para ella prepare un paquete de beneficios de empleada. Como mencioné anteriormente, el nuevo empresario tiende a pensar "este negocio es mío y puedo sacar dinero de ahí cuando yo quiera". ¡No! Esa práctica lo único que logra es saquear los fondos y ponerlo a incumplir obligaciones corporativas. Siga el orden y posponga la gratificación. Según hizo con usted, asígnele a su esposa salario y beneficios. Si al principio no se los puede pagar, acumúlelo como deuda a pagar y se lo va pagando de acuerdo con los ingresos del negocio.

¡Muy importante! Hagan esfuerzos por conocer y entrenarse en cada aspecto laboral y administrativo de la empresa. Si un empleado falta o desaparece de repente, ustedes deben saber realizar ese trabajo igual o mejor que él, al menos temporalmente. Es su negocio, su dinero, su sueño y su futuro. A nadie le afecta más que a ustedes. ¡Defiéndanlo!

LA ESPOSA EMPRESARIA

Supongamos que la esposa es quien se lanza al mundo empresarial. El acuerdo matrimonial es aún más importante, porque a menudo hay que vencer los esquemas tradicionales y culturales de lo que se espera de la mujer en el hogar y cómo este se afecta cuando ella es empresaria. A base de mis conocimientos, la Palabra de Dios (que cuenta historias sobre mujeres acaudaladas) y mi experiencia personal (mi esposa es una empresaria extraordinaria), lo siguiente es crucial:

Analicen juntos la dinámica del hogar y la familia en cuanto al tiempo que la mujer necesita para iniciar sus negocios, y la ayuda que necesita del esposo para que esta área se afecte lo menos posible.

Recuerde que quien sea de los dos que inicie una empresa, el resultado es para el bien común. Aunque retenga su empleo para dar estabilidad económica a su familia, colabore con su esposa en todo porque, a fin de cuentas, el negocio es de ambos y usted también se beneficiará.

Igual que cuando el hombre es el empresario, analicen las fortalezas y destrezas de cada quien. No sería la primera vez que una mujer es una vendedora persuasiva y previsora, su esposo es un excelente administrador, unen fuerzas y logran ser ricos. O el hombre es muy diestro en áreas donde ella necesita ayuda en su negocio, ¿y por qué pagar a un extraño?

Conozco el ejemplo de una mujer que, después de tener su primer hijo, se quedó en su casa cuidándolo. Su esposo era corredor de inversiones. Ella, por entretenerse en la casa, empezó a hornear postres pequeños para las amigas. Se entusiasmó, buscó que le diseñaran un empaque, y los llevó a vender en una tienda pequeña propiedad de una pariente. Su producto tuvo tanta aceptación que se atrevió a pensar en grande, amplió su variedad de productos, su esposo la apoyó, y después de quince años son dueños de una inmensa fábrica y de un negocio de dulces de distribución internacional. Él ya no es corredor de inversiones.

Siga todas las guías sugeridas anteriormente como cuando el hombre es el iniciador del negocio. Y le recuerdo que, en ambos casos, es clave respetar las ideas del iniciador, sea él o ella, porque esa es la persona que tuvo la visión. Contribuya a esa visión, y no pretenda distorsionarla.

SUS HIJOS

A cierta edad, no puede pasar por alto la ayuda de los hijos. Cuando usted desarrolla una empresa, siempre piensa en dejarles un legado. Miles de empresarios en todas partes del mundo lo han logrado. Por otra parte, egoístamente, usted no quisiera que sus esfuerzos empresariales se lanzaran al vacío o los disfrutaran extraños. El sueño tradicional es que los hijos hereden y continúen con el negocio.

Algunas empresas fracasan porque las heredan personas que no conocen el negocio. En Puerto Rico y los Estados Unidos ha habido empresarios cuyas compañías de más de 60 años de fundadas existen gracias a una práctica muy inteligente. Tal vez los fundadores abrieron brecha solos, con educación formal o sin ella. Pero cuando llegó el momento de pensar en incluir a los hijos, hicieron lo siguiente.

Uno de ellos envió al hijo a estudiar administración a la universidad. Cuando regresó graduado, no lo nombró en una plaza ejecutiva. Lo asignó durante un año a cada uno de los departamentos de la empresa, desde el nivel más bajo (colocación de productos en un supermercado, por ejemplo), entrega de producto, ventas, mercadeo y todos los demás. Después de que conoció personalmente todo el negocio, entonces lo nombró gerente general y, al final, presidente. El fundador de otra empresa se puso de acuerdo con sus cuatro hijos para que estudiaran diversos ángulos del negocio y, después de graduados y entrenados, lo maximizaran con sus nuevas mentalidades. La historia empresarial exitosa no cuenta con la ayuda de hijos sin trabajo ni entrenamiento, sino con su integración, paso a paso, en el equipo de trabajo.

Piense. Si desarrolla una empresa en el orden correcto, establece bases sólidas para que alguno de sus hijos integre a ellas nuevos conocimientos, técnicas actualizadas y visiones de vanguardia. Eso le permitirá dejar herencia a sus hijos y a los hijos de sus hijos, tener paz mental y disfrutar su vejez.

¿Y si a sus hijos no les interesa la empresa? Entonces:

Ocúpese de proveerles la oportunidad de que estudien la carrera profesional u oficio donde expresen sus mejores destrezas y que les apasione. Asegúrese de que aprendan buenos principios de administración de recursos y dinero. Luego considere una alternativa que pocos empresarios piensan cuando sueñan con su negocio: vender su empresa al mejor precio del mercado en el momento adecuado.

El mundo empresarial está lleno de personas que se dedican a desarrollar negocios, levantarlos hasta que llegan a la cima de sus ganancias y venderlos por cifras muy tentadoras, para empezar de nuevo otro negocio, seguir el mismo ciclo, y a la larga, disfrutar el abundante fruto de sus esfuerzos.

¿CÓMO ATRAER PERSONAS AL EQUIPO DE TRABAJO?

En la etapa de reclutar personal para su empresa, es importante tener en cuenta los siguientes conceptos:

1. Nunca contrate a nadie sin planificar el personal que realmente necesita.

2. Entienda y prefiera la palabra "atraer", en vez de "contratar". Si tiene claras las características que busca en un empleado, atraiga a la persona correcta. Cuando uno busca el equipo correcto, uno piensa en conseguir personas para ciertas responsabilidades. A veces hay cosas más subjetivas, más importantes que cumplir con más responsabilidades. Para muchas personas, la selección de personal es un proceso muy seco de leer hojas de vida, y olvidan que el trabajo tiene que atraer a la persona. La persona tiene que querer trabajar con usted porque eso va a contribuir armonía e interés genuino por un trabajo bien hecho. A lo mejor empezando no le puede pagar lo que otro le puede pagar, pero si hay algo que le atrae, ve posibilidades y tiene una conexión con el líder, aumentan las posibilidades de que contribuya al desarrollo de su empresa.

Muchas empresas pequeñas y multinacionales han dejado atrás la entrevista tradicional. El nuevo estilo de entrevista se enfoca en determinar si el candidato se puede integrar al ambiente y estilo típicos de la empresa; si tiene la personalidad y habilidades para tratar con los clientes; cómo trata a los demás; y cuán dispuesto y apto está para aprender nuevas técnicas y formas de hacer el trabajo, de acuerdo con innovaciones presentes y futuras de la empresa. Las evaluaciones se concentran en cuán adicstrable es el candidato y cuán dispuesto está a aprender lo nuevo. Si conlleva relocalizarlo, la evaluación incluye observar cuánto se puede adaptar a la nueva ciudad o país. Y sí, muchas empresas de ahora escogen a sus empleados entre las personas que se siente atraídas para trabajar con ellas.

3. Aprenda a posicionar, desarrollar y evaluar. Tiene que posicionar a cada empleado, desarrollarlo y evaluarlo a base de criterios planificados de antemano.

4. Aprenda a inspirar y a recompensar. Como empresario, debería aprender a trabajar con dos grupos de personas: empleados y voluntarios. El voluntario trabaja por una razón muy diferente a la que trabaja un empleado. A un empleado se le compensa con dinero, y el dinero y el miedo a perder el sustento son lo que lo mantiene en su trabajo. El voluntario trabaja por otras razones. Imagínese si usted lograra que todos sus empleados tuvieran la actitud de voluntarios; que ellos puedan ver más allá de la paga para trabajar dentro de la empresa.

Hay otras recompensas que la gente busca, como el reconocimiento por su labor y un ambiente agradable de trabajo, entre otras.

APRENDA A INSPIRAR Y A RECOMPENSAR

5. Aprenda a desarrollar o a transformar a una persona. Como empresario, Dios va a traer personas que van a estar con usted por un tiempo, y su mayor deseo debe ser impulsarlas a otro nivel; desarrollar su máximo potencial. A lo mejor unos permanecen mucho tiempo en su empresa. Otros están por un tiempo o una época. Usted está allí para desarrollarlos junto con su empresa.

Si no tiene en cuenta el proceso descrito anteriormente, va a cometer los siguientes errores:

- Contratar personas sobrecalificadas o bajo calificadas. Cuando una persona está sobrecalificada, se aburre y no permanece con usted; prefiere buscar empleo en otro sitio. Las bajo calificadas tienen la mejor inspiración, la mejor intención, el mejor deseo, pero va a tener que gastar demasiado tiempo en adiestramiento. Muchos de nosotros no tenemos ni el tiempo ni el dinero para eso.

- Va a tener constantes y rápidos cambios de personal. Los empleados llegan hoy y se van mañana, o se quedan solo 3, 4, 5 meses, lo más, un año. Cuando las empresas están comenzando, no pueden darse ese lujo. Es mejor esperar a atraer y conseguir las personas adecuadas, correctas, para obtener un rendimiento más largo de la inversión de emplear y adiestrar. Recuerde además que el mundo empresarial suele tener opiniones negativas sobre las empresas con muchos cambios de personal. Lo perciben como falla administrativa, ignorancia en el reclutamiento e inestabilidad gerencial.

- Necesitará proveer más adiestramiento por el bajo desempeño de sus empleados. Si es una empresa que está comenzando, son solo usted y dos más, y usted es el vendedor, no se puede dar el lujo de dedicar tiempo en adiestrar una y otra vez. Tiene que atraer personas calificadas, con la actitud correcta, que estén en el momento preciso para mover su empresa al próximo nivel y superar todas sus etapas.

Estas son las reglas básicas para crear un equipo de trabajo:

1. Sea consciente de la cultura de la compañía (ambiente, atmósfera, imagen a proyectar). Puede tener personal muy hábil, pero con una proyección contraria a los mejores intereses de su negocio. Todo líder tiene que ascender, no solo porque cumple los requisitos, sino porque lleve la cultura que se quiere proyectar. No puede tener líderes que no tengan esa cultura. Tampoco debe atraer personas al equipo hasta que no demuestren que dentro de ellos tienen esa habilidad, esa proyección: una cultura de cuidado, servicio, paciencia. Tiene que ser consciente de eso porque, si no, va a tener personas proyectando en contra de lo que usted quiere proyectar.

2. Contrate personas que tengan la actitud correcta. Un consejo: cuando contrate a alguien, sobrecárguelo de trabajo. Si va asignándole trabajo poco a poco, cada vez que le dé trabajo le va a exigir y la persona se va a quejar. Lo sobrecarga de trabajo los primeros días para ver cómo reacciona ante la presión, y después le va quitando tareas. En empresas grandes, usted puede tener empleados y un equipo que dirige a esos empleados. Mientras esté a cargo de todos directamente, las actitudes correctas de los empleados son fundamentales para el progreso de su empresa.

CONTRATE PERSONAS QUE TENGAN LA ACTITUD CORRECTA.

3. Busque personas que puedan mejorar las cualidades existentes del equipo. Para eso debe conocer bien su equipo, de manera que escoja personas que compensen, reparen o añadan a lo que está deficiente. No se trata de atraer más personas haciendo lo bueno, sino de atraer personas que impulsen lo bueno que ya se hace y resuelvan lo que no está bien.

4. Nunca contrate personas para resolver situaciones temporales. El error más grande lo veo entre los cristianos. Contratan a alguien temporal y, como contratan mal, cometen el quinto error que va combinado con este: no atreverse a despedir al que ya no necesitan.

5. Nunca tenga miedo a despedir empleados que ya no den resultados. Usted no puede formar un equipo si no está dispuesto a dejar ir a aquellos que ya no funcionan. Si no tiene la valentía de dejar ir personas en el momento preciso, va a destruir su propio equipo. Tenemos que tener la sabiduría para contratar y la valentía para dejar ir. Y mientras más rápido podamos salir de alguien que ya no es parte del equipo, mejor. Así no le damos espacio ni tiempo a esa persona para contaminar al resto del equipo.

6. Nunca se desespere por llenar una posición. A veces es mejor esperar un tiempo con una posición vacante hasta que llegue la persona indicada. Esa es la importancia de atraer a las personas correctas. La mayor parte de las personas que traen bendición a una empresa son personas que Dios trae porque se sienten atraídas por lo que usted está haciendo.

USTED ES EL PRIMER EMPLEADO DE LA EMPRESA.

Todo comienza con usted. Usted es el primer empleado de la empresa. Es la primera persona importante. La imagen que proyecte es la imagen que el resto va a proyectar. Si no está claro en la imagen que el resto debe proyectar, no va a saber a quién contratar, a quién despedir, cómo hacerlo ni cuándo hacerlo.

EJERCICIOS

1. Escriba las posiciones de cada uno de los integrantes del equipo de trabajo que necesita para crear su empresa. Escriba también cuál considera que debe ser el equipo ideal de trabajo.

2. Junto a cada posición, escriba cuáles responsabilidades planea delegarles y qué niveles de autoridad para decidir.

3. ¿Cómo entiende la diferencia entre atraer y solo contratar personal?

4. ¿Cuáles son los errores más comunes al reclutar personal, de acuerdo con lo que ha aprendido?

5. ¿Qué imagen ha decidido que su empresa debe proyectar? ¿Usted la proyecta? ¿Las personas que ha considerado emplear la proyectan o están dispuestas a hacerlo?

11

DIOS REPOSÓ Y CONTEMPLÓ: OBSERVE Y EVALÚE SUS RESULTADOS

"*Fueron, pues, acabados los cielos y la tierra, y todo el ejército de ellos. Y acabó Dios en el día séptimo la obra que hizo; y reposó el día séptimo de toda la obra que hizo. Y bendijo Dios al día séptimo, y lo santificó, porque en él reposó de toda la obra que había hecho en la creación*" (Génesis 2:1-3).

El séptimo día de la creación es el día del reposo, del descanso. Para nosotros como empresarios es el proceso final de contemplar lo que hemos creado y evaluarlo.

Hay dos errores que cometen los empresarios:

1. **No darles tiempo a las acciones que han emprendido para que produzcan resultados.** Veo empresarios muy inconstantes que cambian estrategias continuamente porque pretenden obtener resultados inmediatos. Una vez decide a conciencia implementar una estrategia, tiene que descansar en que hizo el análisis y el proceso correctos, contemplar lo que ya hizo, y darle tiempo a producir resultados. Cuando analizamos el proceso de la creación, leemos que Dios ve todos los días que lo que creó era "bueno". Pero el séptimo día, Él quiere ver cómo todo lo que Él creó funciona en conjunto. Así debe hacerlo el empresario.

Con frecuencia, los empresarios no toman este tiempo para contemplar los resultados. Usted tiene que darle un espacio, un período de tiempo para evaluar, medir y ver los resultados de las decisiones que tomó. Es el período de contemplar.

TIENE QUE DARLE UN ESPACIO, UN PERÍODO DE TIEMPO PARA EVALUAR, MEDIR Y VER LOS RESULTADOS DE LAS DECISIONES.

---

2. **No atreverse a evaluar.** Es vital evaluar para maximizar el potencial de la empresa. Muchas personas no quieren evaluar a nivel empresarial, personal ni ministerial porque cuando evaluamos tenemos que enfrentarnos al hecho de que tal vez tomamos decisiones incorrectas y no obtuvimos los resultados que buscábamos.

Es como el ejemplo del pastor que cuenta sus ovejas y aunque tiene noventa y nueve ovejas, sabe que tenía cien y se detiene hasta encontrar la que le falta. Es como la higuera a la que Jesucristo concedió un año para darle la oportunidad de producir frutos. Tiene que atreverse a evaluar los resultados de lo que ha hecho para saber si modifica sus decisiones o les da la oportunidad de esperar más tiempo.

¿Por qué muchas personas no prosperan financieramente? ¿Por qué muchas personas no hacen un presupuesto? Porque es duro enfrentarse a la realidad.

Las personas piensan que no gastan mal, hasta que se sientan, miran y les comienza a doler porque ven cuánto gastan en el café durante la semana. Me preguntan de presupuesto y yo pregunto cuánto gastan en comida. Me dicen una cantidad de dinero, y cuando analizo y pregunto: ¿son $400 en el supermercado? Pregunto cuánto gasta en el almuerzo porque comida no es solamente lo que se gasta en el supermercado. Las personas quieren hacerse la idea de que reducir el presupuesto de comida es reducir solo lo que gastan en el supermercado, cuando lo más fácil de reducir es lo que usted almuerza o come fuera de su casa. Enfréntese a su realidad. La evaluación de los números reales le hace ver lo que estuvo mal, pero también le hace ver lo que hizo bien y lo que puede mejorar.

El empresario no evalúa por miedo a enfrentarse con la realidad de algunas decisiones que no fueron las mejores: la realidad de que firmó un mal préstamo, de que gasta más de lo que piensa que gasta, de que no incluyó en sus estimados una partida que le cambia los números, de que no ahorra lo que tiene que ahorrar o de que está desperdiciando el dinero en algún área del negocio. No se quiere enfrentar al proceso de evaluar cómo las pequeñas decisiones afectan el todo de lo que está haciendo. Si quiere prosperar, tiene que hacer este proceso de evaluación.

El principio de resolver cualquier problema es reconocerlo. Haga una evaluación honesta, afronte sus decisiones, reconozca las que no fueron buenas, admítalas y revíselas. El empresario en ocasiones toma decisiones basadas en pasados malos hábitos personales. Si es necesario, revise y cambie sus hábitos personales.

La etapa de evaluación le da la oportunidad de ver los efectos de sus decisiones y empezar a tomar las decisiones correctas. Este proceso es muy individual en cada empresa. Cada empresa tiene un ciclo muy distinto, temporadas y medidas diferentes. De esa misma manera, los años fiscales de las empresas no son los mismos.

Cada empresario tiene que evaluar en su contexto, en su momento. Debe haber evaluaciones periódicas y no únicamente anuales. Cuando solo se hacen evaluaciones anuales, toma demasiado tiempo corregir situaciones que se debieron corregir en el momento. Se deben establecer sistemas donde se evalúen diversos aspectos del negocio en determinadas temporadas. Habrá detalles que deben evaluarse cada tres o seis meses, para tomar a tiempo las decisiones correctivas. De vez en cuando, tendrá que hacer evaluaciones imprevistas, tal vez de emergencia.

¿QUÉ LE AYUDA A REALIZAR EVALUACIONES CUANDO LAS NECESITA?

1. **Los empleados que mantienen al día sus tareas.**

Esto se aplica especialmente a aquellos que generan los datos que necesita evaluar, y a los empleados que organizan los datos.

2. **Conciliar todos los meses el balance** de la chequera de la empresa, y mantener organizados los documentos de cuentas pagadas y a pagar, cuentas cobradas y a cobrar, sus gastos y sus ingresos. Algunos empresarios no reconcilian su chequera

hasta que tienen que rendir las planillas estatales o las federa-les. Entonces les roba tiempo de su trabajo diario en la empresa y tampoco pueden corregir de antemano cualquier situación que influya en los pagos de impuestos. Los momentos más pro-ductivos para algunos empresarios son a fin de año porque se pusieron una meta al principio, pero no la revisaron a los seis meses ni a los tres meses. Llegó noviembre, quieren terminar el año en victoria y pretenden terminar a base de fe lo que de-bieron haber ajustado durante el año. Establezca sus pautas y su ritmo de evaluación para corregir a tiempo. No evaluar a tiempo termina costando dinero.

Para nuevas empresas o reingeniería de empresas, hay dos fac-tores vitales para una reevaluación efectiva:

1. Debe establecer un sistema de recopilar información, a base de qué información tiene que saber y recopilar, cómo y dónde captarla.

> **a.** Es vital que tenga accesible la mayor cantidad de infor-mación relevante y actualizada. Nunca menosprecie ni un pedazo de información. Para decisiones inmediatas, de poco le sirven estados financieros de cuatro años atrás. La auditoría anual le sirve para evaluar el todo, pero en el mo-mento presente, debe saber inmediatamente cuánto entra a su negocio y cuánto sale. Si tiene al día sus datos, puede acceder esa información en segundos.

> **b.** Es necesario establecer cuál es la persona que tiene dis-ponible la información actualizada y exigirle que la tenga en el momento que se necesite. Muchos empresarios asig-nan a alguien que debe entregarles, a primera hora de la mañana (aunque sea por correo electrónico), un informe de las transacciones del negocio del día anterior. Pero hay em-

presarios que no saben quién tiene la información porque no la han asignado.

c. Usted no siempre va a estar en constante contacto con los clientes (especialmente al crecer), así que tiene que asignar personal que esté a cargo del manejo de esa información. Esa persona o personas que asigne deben ser íntegras, porque podrían manipular la información por miedo a las reacciones que pueda tener por la información que le traigan. Necesita personas honestas, íntegras y fieles, que le den la información exacta y real. La información manipulada distorsiona su evaluación y perjudica su negocio.

Hay que reconocer que hay factores internos y externos que afectan el desarrollo de la empresa. Cuando vamos a recopilar información, otro error que las personas cometen es recopilar información únicamente de su empresa. Tiene que recopilar información de su industria y de la economía en la que estamos viviendo porque no es justa la evaluación de su empresa con sus estados financieros, si no los compara con los estados financieros de otras empresas y lo que está pasando en la economía. Esos documentos son públicos y están más disponibles que nunca.

Mida constantemente lo que pasa a su alrededor, pero no utilice la información de otros para justificar su estado. Definitivamente, si la industria sufrió un revés, su negocio se va a ver afectado. Pero dentro de todas las situaciones, evalúe si pudo haber hecho algo con mejores resultados que los que obtuvo, y si puede hacerlo diferente ahora.

Por ejemplo, si trabaja en bienes raíces y medía su éxito a base de las comisiones que recibía y no por las casas que vendía, ahora tendrá que vender más casas para ganarse lo que ganaba. Hay

Realtors que se concentraban en casas con precios de $400.000 en adelante. Cuando las viviendas se devaluaron y empezaron los planes federales para comprar casas, en vez de una casa de $400.000, se fueron a vender al mercado de casas más económicas. En vez de vender una casa en aquel precio, venden cuatro casas de $100.000. Tiene que ubicar su negocio en la industria y en la economía, para compararse y tomar buenas decisiones.

Si no tenemos esa información disponible, ¿cómo vamos a tomar decisiones que nos favorezcan?

2. Tiene que crear un sistema de medición y de evaluación de resultados. Si no lo establece correctamente, va a perder su tiempo con información innecesaria. Hay cinco áreas en las que debe evaluar su empresa.

   a. Ganancias. No creamos una empresa por amor al arte, sino para ganar dinero. El sistema de ganancias es muy fácil. Es restar ingresos menos costos. Lo que le sobró es ganancia, pero recuerde incluir todos los costos. Cada empresario tiene su forma de medir ganancias. A lo mejor no tiene una gran cantidad de efectivo, ve las ganancias en activos, pero tiene que haber ganancias. Al final del año, los números tienen que estar en negro. La Biblia dice en el libro de Isaías que el Señor nos enseña a tener ganancias. Afronte esa realidad. Usted crea una empresa para producir ganancias.

   b. Liquidez y solvencia. De eso depende cómo usted puede afrontar los problemas temporales o momentáneos de su empresa; de su capacidad de tener efectivo, de salir de un inventario. Es lo que va a determinar si puede sobrevivir a cuatro o seis meses difíciles. Si no está pendiente de eso, va a consumir su ganancia. Por eso tiene que medir en su compañía qué compromisos asume, a cuántos años, cuándo termina ese compromiso, y cuándo puede asumir otro. Si no hace este tipo de evaluación, empieza a contraer compromisos innecesarios en un momento que no le conviene.

c. Eficiencia o retorno de inversión. Esté alerta ante eso, o perderá de vista la eficiencia de su empresa y comenzará a tomar decisiones erróneas. ¿Cuál es su eficiencia? ¿Cuán rápido le saca provecho a lo que invierte? Hay inversiones a largo plazo, pero tiene que saberlas y ser consciente de ellas. ¿A qué eficiencia me refiero? A la de sus empleados, máquinas, equipo, mercadeo, edificios, aunque sean los pies cuadrados de oficina que está alquilando. En las tiendas por departamento, tienen medido cada dólar que debe dejar de ganancia cada pie cuadrado de la estructura que ocupan.

Mida la eficiencia del empleado, porque está invirtiendo un dinero anual en él. El empleado debe saber que no espera que él le devuelva el salario que le paga porque está buscando ganancias, liquidez y solvencia. Usted espera que su empleado le genere o le rinda el doble o el triple de lo que invierte en él, y debe trabajar como la hormiga que menciona el libro de Proverbios, sin necesidad de que alguien lo supervise. Eficiencia se mide de esta manera: si estoy invirtiendo un dólar, ¿en cuánto tiempo lo recupero?

d. El plan de negocios. Quizás no obtuvo las mismas ganancias del año anterior, ve que la industria decayó por tanto por ciento, su empresa decayó por tanto por ciento nada más, pero cumplió su objetivo de posicionar su empresa. Su plan de negocios, el posicionamiento de su empresa, su marca, están cumpliendo con sus objetivos. Analice su plan de negocios y vea cómo lo está alcanzando.

e. La industria. Tiene que medirla porque ese es el marco para evaluar su posicionamiento dentro del área donde está trabajando. Si no mide la industria, no sabe dónde se encuentra dentro de su proceso. Tal vez se frustró este año porque no vio ganancias, pero al mirar la industria, nota que se posicionó más adelante.

¿Sabe cuántos cerraron en su industria y usted sobrevivió? Puede haber algo bueno que esté haciendo que otros no hicieron. Si hay menos competidores en la industria, hay más oportunidades para usted. Si mide la industria, también sabe quién entró a hacer negocios. Mida la industria y tendrá un panorama completo de dónde está posicionado.

Una de las primeras preguntas que hizo Dios al hombre fue: *"¿Dónde estás?"*. ¿Sabía Dios dónde estaba Adán? Por supuesto que sí. Lo que Dios le estaba diciendo a Adán era: "Dime en qué posición estamos ahora. Por lo que tú acabas de hacer, dime cómo quedamos ahora, dónde estamos ahora".

Si no aprendemos a ver el concepto macro del mundo empresarial, el micro de nuestra empresa nos va a desesperar, a frustrar y a doler. Tenemos que ver tanto el micro como el macro. A veces, mirar el macro nos frustra porque somos el número 15 en la industria, pero debe ser incentivo para reposicionarse y llegar a ser el primero. Además, si el número 15 es una buena posición o no, depende del número de empresas en su industria. No es lo mismo ser el 15 de 50, que ser el 15 entre mil. La evaluación de todo esto le lleva a saber si sus decisiones han sido y son efectivas en el logro de su éxito empresarial.

UNA IMPORTANTE CONSIDERACIÓN

Cuando comience a evaluar los resultados de sus decisiones, tanto positivos como negativos, analice cuánto influyeron sus

170 7 DÍAS PARA CREAR EL ÉXITO EMPRESARIAL

percepciones en sus decisiones.

LA PERCEPCIÓN DETERMINA MUCHAS DE LAS DECISIONES QUE TOMAMOS.

Su percepción es la que lo lleva a tomar decisiones. Cuando se enfrenta a algo, el punto donde se enfoca de primera intención es en lo que permanece hasta que le muestran otro punto de vista y ve que las cosas no se pueden ver de la misma manera. Entonces escoge un punto de vista para tomar la decisión que debe tomar. La percepción determina muchas de las decisiones que tomamos.

Lo que define a las personas de éxito es que:

- Ven lo que otros no ven.
- Hacen lo que otros no hacen.
- Perseveran cuando otros se rinden.

Las últimas dos frases dependen de la primera, porque las decisiones de hacer y de perseverar dependen de lo que se ve.

Cuando es empresario, no puede arriesgarse a tomar decisiones sin ver lo que debe ver. Somos definitivamente influenciados por nuestras percepciones y usualmente tenemos tres predisposiciones a la hora de tomar decisiones:

1. La manera en que tomamos las decisiones.
2. La visión social.
3. Nuestras memorias.

Cuando vemos las cosas diferentes, las decisiones tienen que cambiar. No siempre la forma en que las vemos es la correcta.

Si va a tomar una decisión, puede verse influenciado por la manera en que recuerda que reaccionaban en su hogar ante una situación similar. Muy probablemente esa predisposición que guarda en su memoria no se aplica a la decisión que debe tomar ni a cómo tomarla. Por tal razón, para lograr su éxito debe tomar decisiones cuidando la influencia de su percepción desde esas tres áreas.

Algo que le va a ayudar es conocer los cinco lentes con los que debe ver su empresa, para tomar las decisiones que más le convienen (en este mismo orden).

1. Lente analítico: es el primero, porque el empresario debe analizar sus situaciones y tomar sus decisiones sin emociones. Ante todo, observe y analice los hechos de su negocio objetivamente.

2. Lente creativo: una vez hace el análisis, empiece a usar su creatividad para resolver la realidad que tiene ante sí.

3. Lente innovador: es el momento de mejorar lo que ya existe o integrar una innovación que mantenga su empresa a la vanguardia del mercado y de su industria.

4. Lente de la fe: tiene que creer por algo más grande y más poderoso para su negocio. Recuerde cuando, durante la creación de su negocio, miró a los cielos. Siga creyendo por algo más grande.

5. Lente profético: mire más allá de los tiempos que está viviendo. A veces no hay palabras para expresar esas cosas, ni para describir lo que ve en revelación. Pero una de las cualidades más poderosas en los empresarios muy exitosos es que proyectan el impacto de sus decisiones de negocios a tiempos que van mucho más allá de los que pueden ver en

el presente.

OBSERVE Y ANALICE LOS HECHOS DE SU NEGOCIO OBJETIVAMENTE.

Según su nivel económico, las personas tienen diferentes perspectivas referentes al futuro:

Al muy pobre le preocupa cómo pasa el día.

Al pobre le preocupa cómo pasa la semana.

A la clase media, cómo pasa el mes; todo lo decide a base de pagos mensuales.

El rico ve la vida a base de un año.

Los millonarios se planifican a diez años. No toman una decisión sin proyectarla por lo menos a diez años.

Eso es ser un profeta. No tiene que ser un profeta para que Dios se le revele. Base sus decisiones en lo que viene, no en lo que vive.

Observe hacia dónde va su industria, su país, y tome sus decisiones empresariales basándose en hacia dónde Dios le quiere llevar. Si los empresarios seculares se proyectan creyendo en sus visiones, ¿cuánto más nosotros debemos tomar las decisiones basadas, no en nuestras memorias, sino en la revelación de Dios?

¿Cuántos de nosotros hemos dicho esta frase: "Si yo hubiera sabido esto diez años antes, estaría en otra dimensión". Lo que lo separa de donde quiere estar es lo que no conoce. Dios se lo puede dejar saber. Después de que analice sus decisiones a través de los lentes adecuados, proyecte sus decisiones hacia lo que Dios quiere revelarle sobre su éxito presente y futuro.

BASE SUS DECISIONES EN LO QUE VIENE, NO EN LO QUE VIVE.

¿CÓMO INFLUYEN LAS CIRCUNSTANCIAS EN NUESTRAS PERCEPCIONES?

Ciertas circunstancias nos cambian la percepción de nuestra capacidad.

Como empresarios, sabemos que cuando salimos a hacer cosas no todo va a salir como lo pensamos. Lo que parecían posibilidades se convierten en retos, y pueden convertirse en amenaza. ¿Por qué?

Porque las circunstancias pueden afectar a sus condiciones emocionales y mentales. Si está adiestrado para hacer algo, lo está bajo cualquier circunstancia. Las circunstancias que afronta no cambian sus capacidades; solo cambian la percepción que tiene de sus capacidades.

Usted inicia una empresa por lo que va a obtener. Una vez que tiene alguna pérdida, su perspectiva cambia de lo que puede obtener a lo que puede perder. Piensa que va a perder lo que tiene y no va a obtener lo que quiere.

No puede controlar todo lo que la vida le trae, más allá de la percepción que tenga de su capacidad de vencer las circunstancias. Recuerde: las situaciones no cambian su capacidad; cambian su percepción de su capacidad. Tan pronto ocurre una situación inesperada y adversa, usted pasa por este proceso:

174 7 Días para crear el éxito empresarial

LAS SITUACIONES NO CAMBIAN SU CAPACIDAD; CAMBIAN SU PERCEPCIÓN DE SU CAPACIDAD.

1. Le afecta negativamente lo que la gente pueda pensar de usted.

2. Convierte las circunstancias en amenaza porque empieza a dudar de sus capacidades.

3. Siente presión por lo que va a perder, en vez de pensar en lo que puede ganar. Lo que le controla no es lo que puede ganar, sino lo que podría perder.

4. Se enfoca en los recursos limitados que tiene.

Le echamos la culpa de nuestros problemas a nuestras situaciones, sin darnos cuenta de que lo único que han hecho las circunstancias nuevas es hacer que la mente convierta las circunstancias en una amenaza, en vez de aceptar un reto.

Las personas que tienen éxito son las que son capaces de ver las cosas no como una amenaza, sino como un reto. Para ellos, todo es un reto. Para cambiar sus percepciones de las circunstancias en reto y no en amenaza, haga lo siguiente:

1. Descubra cuál es la filosofía que gobierna su vida. ¿Es rendirse, llorar o luchar? Cuando define eso, comienza a ver las cosas como un reto.

2. Enfóquese en el final.

3. Mantenga la calma y enfóquese en el próximo paso. No quiera resolverlo todo en un momento. Piense en términos de pasos y concéntrese en cuál es el próximo paso.

4. No deje que el miedo entre a su cuerpo. Si entra a su cuerpo, limita sus capacidades.

5. Si no puede hacerlo todo, continúe por donde va.

6. Prepárese, no por miedo, sino para mejorarse de antemano.

7. Confíe en indicadores externos que le confirmen que va por los caminos correctos.

8. Conozca cuánto tiempo puede resistir las circunstancias. Desarrolle la capacidad emocional, espiritual y financiera de su empresa.

9. Cuando pierde un recurso, piense cómo maximizar los recursos que le quedan. Tenga una voz en quien confiar si sus recursos están limitados. Hable a su mente sobre su dificultad.

10. Confíe en que sabrá cuándo su decisión es suficiente. Si no sabe cuándo será suficiente, planifique su próximo reto.

DECIDA QUE TODO LO QUE VIENE A SU VIDA ES UN RETO.

Si quiere progresar, niéguese a ver las circunstancias como amenazas. Decida que todo lo que viene a su vida es un reto. No dude de sus capacidades ni de Dios.

EJERCICIOS

Igual que en ejercicios anteriores, este es otro momento para delinear instrumentos de organización para crear su empresa.

1. Busque información sobre cómo medir los resultados de sus acciones sobre las siguientes áreas y escriba un plan preliminar para cada una:

   Ganancias.
   Liquidez y solvencia.
   Plan de negocios.
   Eficiencia.
   Posición en su industria.

2. Decida, de acuerdo a cada partida, con cuánta regularidad necesita evaluar resultados. Antes de decidir ese marco de tiempo, recuerde que cada área puede tener tiempos diferentes, de acuerdo a su tipo de negocio, servicio o producto. Si vende diversos productos o servicios en su empresa, tal vez el resultado de cada uno de ellos se tenga que evaluar también en diferentes marcos de tiempo.

3. Ahora mismo, ¿en qué posición estaría su producto según las condiciones de la industria?

4. Luego de recopilar la información necesaria, ¿a cuántos años puede ser capaz de proyectar su empresa? ¿Cuál es su visión a largo plazo?

12

SEA RECEPTIVO A LAS NUEVAS ESTRATEGIAS

Un paso esencial para llevar nuestra empresa a su máximo nivel de éxito es atreverse a innovar. El mundo empresarial a gran escala está tomando medidas en muchas áreas como:

- Tener en cuenta los más recientes estudios sobre productividad cuando diseñan y decoran las oficinas. Se ha probado que la productividad de los empleados aumenta cuando reciben luz natural en sus áreas de trabajo y estas se decoran con cierto tipo de plantas.

- Habilitar áreas de cuidado de niños con personal entrenado minimiza el ausentismo de los empleados por razones relacionadas con sus hijos.

- Definir con precisión cómo los empleados pueden contribuir, a través de su trabajo, a aumentar las ganancias y el crecimiento de la empresa, y ofrecerles adiestramientos específicos.

La implementación de cualquiera de estas medidas y otras que se han descubierto dependen del tamaño del negocio y de su cultura empresarial. Cuando iniciamos un negocio, es necesario ceñir el presupuesto. Sin embargo, hay una innovación de mercadeo que es fácil de implementar, y ha registrado aumentos en lo que más rápidamente necesitamos los empresarios: ventas, ganancias y captación del mercado.

Contar historias se ha venido usando en el mundo empresarial durante los años más recientes, pero desde que se probó efectivo, ya se han escrito decenas de libros para sostener el auge. Se ha convertido en un recurso importante en empresas pequeñas y en multinacionales, como fórmula para atraer y retener clientes. Más que una estrategia de mercadeo, se ha convertido en una técnica.

Resulta interesante cómo una costumbre que hemos tenido los latinos durante siglos se ha podido convertir en una herramienta de promoción, cuyo efecto persuasivo se ha comprobado en estudios científicos. A fin de cuentas, aunque se lo presento aquí como una ciencia medida y estudiada, básicamente se trata de contar una historia para persuadir.

LA PERSUASIÓN ES EL CENTRO DE LA ACTIVIDAD EMPRESARIAL.

La persuasión es el centro de la actividad empresarial. Tiene que convencer a sus clientes de comprarle los productos o servicios, y a los empleados para que sigan su plan estratégico. A muchos líderes se les hace difícil comunicar e inspirar. Utilizan herramientas tradicionales que a veces no son efectivas y que los expertos están insistiendo en que sustituyamos.

Robert McKee[2], el conferenciante más conocido y respetado del mundo en cuanto a libretos de cine, opina que los ejecutivos pueden lograr que los escuchen y que sigan su plan si desarrollan esa técnica que está causando furor y buenos resultados en las empresas. McKee alega que las historias "llenan una profunda necesidad humana de aferrarse a los patrones de vida... como una experiencia muy emocional y personal".

De acuerdo con McKee, gran parte del trabajo de un empresario es motivar a su equipo de trabajo a alcanzar las metas. También tiene que persuadir a sus clientes a comprar su producto o servicio. Para hacerlo, tiene que involucrar sus emociones, y la llave para llegar al corazón es contar una historia. Hay dos maneras de persuadir a las personas. Una es apelando a su intelecto, que se hace tradicionalmente en las presentaciones de objetivos y estadísticas.

LAS PERSONAS NO SE INSPIRAN A ACTUAR SOLAMENTE A BASE DE LA RAZÓN.

Ese sistema tiene dos problemas. Primero, su personal o sus clientes tienen sus propios conceptos y experiencias. Cuando intenta persuadirlos, ellos están argumentando en su interior. Segundo, si logra persuadirlos, solo lo está haciendo en el sentido intelectual. Eso no es suficiente para comprometerlos con sus objetivos. Las personas no se inspiran a actuar solamente a base de la razón.

---

2. https://hbr.org/2003/06/storytelling-that-moves-people

La otra manera de persuadir a las personas, y la más poderosa, es uniendo una idea con una emoción. La mejor manera de hacerlo es contando una historia emocionante, convincente, cautivadora. Una historia no solo entreteje mucha información, sino estimula las emociones y levanta la energía del que lo escucha. Si desarrolla una destreza para contar historias llenas de poder emocional y revelación, convierte su presentación en algo memorable. Es unir la imaginación y los principios de una historia real bien contada.

¿A qué llamamos "una historia"?

Observe desde hoy los anuncios de televisión. Son cortas versiones de historias contadas. Mantienen fija su atención para conocer el final. Apelan a sus emociones y a sus experiencias diarias. Se quedan en su memoria y hasta los comenta con otras personas. ¡Aunque el final sea el nombre de un producto! Y son altamente persuasivos. Una gran parte de las veces, lo convencen de que tiene que probar el producto o servicio.

Una historia expresa, básicamente, cómo y por qué la vida cambia. Empieza con una vida en balance, y ocurre un incidente que lo saca todo de balance. El empresario o el producto intentan devolver el balance a la situación (en términos del negocio). Un buen narrador de historias describe cómo el "protagonista" se enfrenta a una realidad adversa. Describe cuán difícil es luchar contra los factores opositores, y la lucha de trabajar con escasos recursos, tomar decisiones difíciles, tomar acción a pesar de los riesgos y finalmente descubrir la verdad, y vencer la brecha entre las expectativas subjetivas y la cruel realidad.

No es difícil para un empresario aprender esta técnica y utilizarla para su provecho. No solo está escuchando historias desde pequeño, leyendo o viendo películas. De acuerdo con los psicólogos cognitivos, la mente humana recuerda a base de armar pedazos de experiencias y creando historias. Olvidamos listas, pero recordamos historias.

Los empresarios no solo deben tener muy presente el pasado de su empresa, sino proyectarla hacia el futuro, como una historia. El empresario, de manera natural, crea una historia mental de su experiencia empresarial. La clave para mover y conmover a su audiencia es no resistir el impulso de hacer todo eso, sino abrazarlo y contar una buena historia.

OLVIDAMOS LISTAS, PERO RECORDAMOS HISTORIAS.

Cuando escucha a un conferenciante o una presentación de negocios, ¿qué recuerda con más facilidad, los datos o las historias que le contó?

Contar historias con fines de mercadeo tiene un estilo definido, aunque sencillo de repetir. Si quiere contar una historia que capte la atención y la memoria de las personas, no cuente una historia aburrida de inicio, desarrollo y final. Cuente la lucha dramática entre sus expectativas y su realidad. Cree suspenso. Estimule la imaginación. Hágalo emocionante. Invoque sentimientos y experiencias.

Cuando haga una presentación, no finja que todo es perfecto en su empresa. ¿Por qué? Porque las personas no le creen y sospechan que es una estrategia de relaciones públicas. Usted pierde credibilidad, y la credibilidad es imprescindible para alcanzar el éxito empresarial. Estamos en los tiempos de los héroes. Traiga a colación sus problemas y sus luchas, y muestre cómo las ha superado. Cuando cuenta sus luchas, las personas lo ven como una persona dinámica y fascinante.

EFECTOS DE CONTAR UNA HISTORIA[3]

Escuchar una historia provoca una respuesta neurológica fuerte, con un impacto emocional. Los estudios demuestran que nuestros cerebros producen la hormona del estrés, llamada cortisol, durante los momentos tensos de una historia y nos permite enfocarnos, mientras la narración de la parte feliz libera oxitocina, el químico de conexión y empatía. Otros estudios neurológicos indican que un final feliz activa el sistema límbico, el centro de recompensas del cerebro, y se libera dopamina, que nos hace sentir esperanza y optimismo. La narración de historias estratégicas cambia actitudes y conductas. Se ha probado en la práctica de la medicina y de la salud mental.

LA NARRACIÓN DE HISTORIAS ESTRATÉGICAS CAMBIA ACTITUDES Y CONDUCTAS.

Narrar historias es una costumbre y una táctica muy antigua. Eso es lo que la hace poderosa. ¿Recuerda cómo Cristo explicaba en parábolas e historias las enseñanzas más profundas? Una historia llega a donde el análisis cuantitativo niega admisión: el corazón. Los hechos pueden persuadir a las personas, pero no las inspira a actuar. Para conseguir acción, tiene que crear de su visión una historia que encienda la imaginación y mueva el alma. Los narradores más exitosos a menudo enfocan las mentes de la audiencia en una sola idea importante y no les toma más de 30 segundos crear una conexión emocional.

---

3. Consultado en línea el 22 de julio de 2015. https://hbr.org/2014/03/the-irresistible-power-of-storytelling-as-a-strategic-business-tool/

Además de las indicaciones anteriores, hay seis consejos básicos para la narración de historias en los negocios[4]:

1. Cada historia necesita las 5 C: Circunstancia, Curiosidad, Caracteres, Conversaciones y Conflicto.

Presente las circunstancias. Establezca la escena y dé información vital que pueda proveer contexto. Use la curiosidad para dejar a la audiencia esperando más. Incluya los otros tres elementos a una vez.

2. Deje de alardear y relaciónese con su audiencia.

Sus logros tienen sus méritos, pero las personas se relacionan más con los fracasos porque todos tenemos fallas. Su mensaje está en cómo su audiencia puede resolver sus fallas.

3. Incite el lado emocional del cerebro de su audiencia.

Los sentimientos nos hacen sentirnos más vivos. Los hechos y las cifras no tienen significado hasta que ocurre una conexión emocional.

4. Apele a los sentidos de la audiencia: visual, auditivo, kinestésico y olfatorio.

5. Empiece su historia por la mitad. No cuente demasiados detalles al empezar, ni en orden cronológico.

6. Cuente a su audiencia lo que importa. Narre a la audiencia lo que realmente le afecta; no los detalles innecesarios. Concéntrese en tres puntos y la información clave. Manténgalos a la expectativa para que se conviertan en seguidores de sus próximas historias.

---

4. Consultado en línea el 31 de julio de 2015. http://www.entrepreneur.com/article/243414

De primera intención, la técnica de mercadeo basada en narrar historias puede parecerle limitada a las presentaciones personales. Sin embargo, ese no es su uso generalizado y muchísimo menos su único uso. Su éxito está en su versatilidad para servir de base para cualquiera de los objetivos de una empresa: desarrollar los equipos de trabajo, crear anuncios de venta directa, diseñar mercadeo para establecer marcas, adiestrar el personal, vencer la resistencia natural de los consumidores ante los productos, y muchos otros más. Narrar historias es la estrategia de mercadeo del momento en todas las industrias.

EPÍLOGO

Si respondió a conciencia todos los ejercicios al final de cada capítulo, buscando datos precisos y actualizados, y aplicando a la realidad de la empresa que quiere crear o renovar, entendió la importancia de la planificación ordenada. Aún mejor, su trabajo inicial para crear su empresa ya está hecho. Tal vez le falta poner nombres y apellidos al equipo de trabajo, abrir la cuenta de banco, terminar requisitos legales, gestionar o esperar permisos que necesite... más bien detalles de implementación de lo que ya plasmó en papel.

Su mente probablemente está llena de preguntas, porque cuando escribimos y empezamos a hacer lo que nos corresponde, nos viene a la mente todo lo que necesitamos aclarar. Durante la creación de su empresa y sus operaciones, siempre tendrá preguntas qué hacerse a sí mismo y a los que saben: contador, abogado, funcionario de gobierno, empleado, publicista y otros. Pero ya creó los fundamentos de su empresa.

La creación resumida en el libro de Génesis es tan rica en instrucciones para la creación de su empresa, que no quiero dejar pasar detalles relacionados con el poder de sus palabras:

- Cada vez que Dios iba a crear algo, usted lee la palabra "dijo". Dios es la Palabra, y todo lo creó diciendo. De la misma manera, todo lo que diga tiene poder de creación. En todas las etapas de la creación de su empresa, "diga". Pero cuide siempre lo que va a decir. Diga para construir y no para maldecir ni para destruir con su palabra.

- "Sea" es la poderosa palabra de abrir paso a que Dios traiga lo nuevo en su vida. Úsela.

- Dios siempre vio que era "bueno". Acostúmbrese a evaluar y a declarar lo "bueno".

- Dios separó los elementos unos de otros. Tanto usted como hijo de Dios como los productos de su empresa, tienen que ser "separados" y "diferenciados" de los demás.

Le invito a releer, revisar y consultar este libro una y otra vez. Entienda que la Palabra de Dios es práctica, funcional y cumple el propósito para el que se envíe. Imite al Creador porque usted fue hecho a la imagen de Dios, conforme a su semejanza. Él le dio el dominio, le prometió prosperar la obra de sus manos y le dio el poder de hacer las riquezas. Le dejó instrucciones, en el libro de Génesis, el libro de los comienzos, para que usted aplicara la sabiduría divina de la creación del mundo a la creación de su éxito empresarial.

BIBLIOGRAFÍA

Absolute Value: What Really Influences Customers in the Age of (Nearly) Perfect Information, por Itamar Simonson y Emanuel Rosen, HarperBusiness (4 de febrero, 2014)

Anointed for Business: How to Use Your Influence in the Marketplace to Change the World por Ed Silvoso, Regal (1 de septiembre, 2009)

Built to Last: Successful Habits of Visionary Companies (Harper Business Essentials) por Jim Collins y Jerry I. Porras

Business @ the Speed of Thought: Succeeding in the Digital Economy por Bill Gates, Grand Central Publishing; (24 de marzo, 1999)

Cambie su trayectoria: Haga del resto de sus días lo mejor de su vida. Dale Bronner. Whitaker House, 2015.

Focus: The Hidden Driver of Excellence, Daniel Goleman, Harper (8 de octubre, 2013)

Good to Great: Why Some Companies Make the Leap...And Others Don't por Jim Collins HarperBusiness; (16 de octubre, 2001)

How Successful People Think: Change Your Thinking, Change Your Life por John C. Maxwell Center Street; 1 edition (1 de junio, 2009)

Influence - The Psychology of Persuasion por Robert Cialdini, PhD, Harper Collins Publishers 2007

Jesus, Entrepreneur: Using Ancient Wisdom to Launch and Live Your Dreams por Laurie Beth Jones, Crown Business; (25 de junio, 2002)

Jesus CEO: Using Ancient Wisdom for Visionary Leadership por Laurie Beth Jones, 2 de mayo, 1996, Hyperion

Just Listen por Mark Goulston, AMCOM Books 2010

Leadership: The Power of Emotional Intelligence por Daniel Goleman, More Than Sound (6 de septiembre, 2011)

No Excuses, Bryan Tracy, MJF Books, 2010

On Strategic Marketing, Harvard Business School Publishing 2003

Power Branding, Steve McKee, Pubgrave Macmillan 2014

Say This, Not That: How to Build Trust and Motivate Others with the Right Choice of Words, Dave Durand, The Crossroad Publishing Company (1 de junio, 2011)

Steve Jobs: Life Changing Lessons! Steve Jobs on How to Achieve Massive Success, Develop Powerful Leadership Skills & Unleash Your Wildest Creativity (Steve Jobs. Einstein, Nikola Tesla, Warren Buffet), por William Wyatt, Amazon Digital Services, Inc.

Story: Substance, Structure, Style, and the Principles of Screenwriting, 1997 por Harper-Collins, Robert McKee

Strengths Based Leadership: Great Leaders, Teams, and Why People Follow, Tom Rath y Barry Conchie, Gallup Press; (6 de enero, 2009)

StrengthsFinder 2.0, por Tom Rath, Gallup Press (1 de febrero, 2007)

Teach Your Team to Fish: Using Ancient Wisdom for Inspired Teamwork, por Laurie Beth Jones Three Rivers Press (22 de junio, 2004)

Thanks for the Feedback, por Douglas Stone y Sheila Heen, Penguin Group 2014

The Essays of Warren Buffett: Lessons for Corporate America, Warren E. Buffett and Lawrence A. Cunningham, The Cunningham Group; Revised edition (11 de abril, 2001)

The Four Elements of Success: A Simple Personality Profile that will Transform Your Team, 11 de julio, 2006, por Laurie Beth Jones, Thomas Nelson

The 8th Habit: From Effectiveness to Greatness, Stephen R. Covey, Free Press; (29 de noviembre, 2005)

The 15 Invaluable Laws of Growth, John C. Maxwell, Hachette Book 2012

The Golfer and the Millionaire: It's About Having the Drive to Succeed, por Mark Fisher, Prima Lifestyles (22 de abril, 1998)

The Greatest Salesman in the World, Og Mandino, Bantam (1 de enero, 1983)

The Greatest Miracle in the World, Og Mandino, Bantam (1 de enero, 1983)

The Innovation Secrets of Steve Jobs, Carmine Gallo, Mc Graw Hill 2010

The Millionaire Next Door: The Surprising Secrets of America's Wealthy, por William D. Danko y Thomas J. Stanley, Taylor Trade Publishing; (16 de noviembre, 2010)

The Millionaire Mind, 1 de enero, 2000, por Dr. Thomas J. Stanley, Andrews McMeel Publishing

The New Rules of Marketing and PR, David Merman Scott, John Wiley & Sons 2012

The Miracle of Tithing, Mark Victor Hansen 2003, Mark Victor Hansen & Associates; 2nd edition (Octubre 1983)

The Path: Creating Your Mission Statement for Work and for Life - por Laurie Beth Jones, Hyperion (12 de agosto, 1998)

The Peter Principle - Laurence J. Peter, Bantam; 18th Printing edition (1972)

The Power of Body Language: How to Succeed in Every Business and Social Encounter – 30 de noviembre, 2007, por Tonya Reiman

The Richest Man In Babylon - por Mr George S Clason, CreateSpace Independent Publishing Platform, 24 de septiembre, 2012

The 7 Habits of Highly Effective People: Powerful Lessons in Personal Change, Stephen R. Covey Simon & Schuster; (19 de noviembre, 2013)

The Success Principles, Jack Canfield, Harper Collins Publishers 2005

The 21 Success Secrets of Self - Made Millionaires, Bryan Tracy, Berrett Koebler 1998

The Wisdom and Teachings of Stephen R. Covey, Stephen R. Covey, Free Press (13 de noviembre, 2012)

The Yes Factor: Get What You Want. Say What You Mean, Tonya Reiman, Plume (2011)

Think and Grow Rich - Napoleon Hill, Tarcher; Revised & enlarged edition (18 de agosto, 2005)

Walt Disney: The Triumph of the American Imagination (Vintage), Neal Gabler (9 de octubre, 2007)

Winning in Emerging Markets: A Road Map for Strategy and Execution, Tarun Khanna y Krishna G. Palepu, Harvard Business Review Press (28 de abril, 2010)

Words that Work, Dr. Frank Lutz, Hyperion 2007

Consultas en línea:

http://images.businessweek.com/ss/08/10/1017_ depression_lessons/2.htm

money.cnn.com/.../smallbusiness/...founded_in.../2.ht...

www.investopedia.com/slide-show/recession-businesses/mentalfloss.com/article/.../5-great-depression-success-storie...

www.small-business-forum.net › ... ›

www.sba.gov/content/

www.sba.gov/advocacy/7540/42371

www.sba.gov/advocacy/10871

http://www.strengths.org/clifton.shtml

http://strengths.gallup.com/110443/History.aspx

http://cindyratzlaff.com/

http://retailindustry.about.com/od/retailbestpractices/ig/
Company-Mission-Statements

http://www.higher.sk/en/services/packaging

http://papers.ssrn.com/sol3/papers.cfm?abstract_id=20861